决胜小康

探索乡村振兴之路

仰徐村卷

季中扬◎主编
苏静◎著

北京出版集团
北京美术摄影出版社

【编委会】

目
录

03 ▍产业与集体经济 ▍

04 ▍村民的日常生活与钱袋子 ▍

05 ▍乡村医疗与养老 ▍

主编寄语

“小康”原本是生活安定的意思，《诗经·大雅·民劳》：“民亦劳止，汔可小康。”后来儒家把低于“大同”的一种社会形态称为“小康”。《礼记·礼运》：“今大道既隐，天下为家……礼义以为纪，以正君臣，以笃父子，以睦兄弟，以和夫妇，以设制度，以立田里，以贤勇知，以功为己……是谓小康。”儒家所谓的“小康”，重视礼义与制度，这个思想在今天看来还是有价值的。宋明之后，“小康”一词有了生活富裕的意思，《明太宗实录》卷二十三：“如得斯民小康，朕之愿也。”“斯民小康”不仅是古代治国者所愿，也是中国共产党和人民的共同愿望。早在1979年，邓小平同志会见日本首相大平正芳时就提出“我们的四个现代化的概念，不是像你们那样的现代化的概念，而是‘小康之家’”[1]，1984年又进一步提出“翻两番，国民生产总值人均达到八百美元，就是到本世纪末在中国建立一个小康社会。这个小康社

[1] 《我们要实现的四个现代化，是中国式的四个现代化，是“小康之家”》，2013年08月19日，人民网，http://cpc.people.com.cn/big5/n/2013/0819/c69710-22616471.html。

会，叫作中国式的现代化”[1]。当然，“小康社会”并非仅仅意味着百姓生活安定、富裕，更为重要的是，还要社会制度完善，人民讲礼义、有道德，也就是习近平总书记在党的十九大报告中所强调的“全面建成小康社会”。

习近平总书记指出：“从现在到2020年，是全面建成小康社会决胜期。”[2]在全面建成小康社会即将达成之际，我们推出这套“决胜小康”系列丛书，通过10个村落的“小康之旅”，描述中国社会的根基——乡村社会的现代化，从农村基层检测“小康社会”之建设成效，总结其建设经验。在写作对象的选择上，我们考虑到了空间地域的均衡分布，既有江苏、上海、浙江、山东等东部沿海地区的乡村，也有安徽、湖南、陕西等中西部地区的乡村，力图较为全面，又突出重点地呈现全国的小康村建设成就。

从默默无闻、灰头土脸的贫困村到如今的模范村、示范村、富裕村，这10个村子都不约而同地抓住时代机遇，并结合自身资源，勇于改革创新，从艰难困苦中走出一条光明大道，于是才有了今天崭新的村容村貌。有着“长江之花”美誉的张家港长江村以雄厚的村集体经济实力

[1] 《小康社会》，2008年09月25日，人民网，http://cpc.people.com.cn/GB/134999/135000/8104179.html。

[2] 王伟光：《开启全面建设社会主义现代化国家新征程》，2018年01月02日，人民网，http://theory.people.com.cn/n1/2018/0102/c40531-29739416.html。

闻名遐迩，以全村力量兴办长江润发集团，已跻身民营企业全国500强；被誉为“中国市场第一村”的上海九星村则以村民股权改制为新农村建设开辟了一个重要的方向。改制后的九星村人人有工作、人人有保障、人人有股份，该村也入选中国九大土豪村；当选“全国生态宜居示范村”的湖南长沙县浔龙河村成为中国农村基层治理十大创新案例之一，大胆启动浔龙河生态艺术小镇项目建设，发展康养产业、生态产业、文化产业与旅游产业，打造出“浔龙河”模式；被央视多次报道的徐州马庄村曾迎接过习近平总书记[1]，之所以能远近闻名，靠的是马庄文化和“三宝”——乐团、香包与婆媳好，突破了以往经济靠企业经营的模式，证明了文化对于乡村振兴的重要性。凡此种种，路径不一，却都在实践中探索着中国乡村建设的途径，更为乡村振兴吹响了前进的号角，令村民备足了信心和勇气。

了解小康村，不能光看表面数据，也要实地去体验、去感悟。该套丛书不仅勾勒出小康村的整体面貌，更深入调研了村子内部，以深刻的体验来描绘小康村的内在精神与百姓状态。在细致、活泼的文字引导下，读者仿佛跟随作者走进了村子的街头巷尾、文化广场、农家住宅，体会村子的文化积淀，欣赏村子的美丽山水，为村子的欣欣向荣倍感激

[1] 金佳绪：《习近平十九大后首次调研，这6个细节意味深长！》，2017年12月13日，新华网，http://www.xinhuanet.com/politics/2017-12/13/c_1122103679.htm。

动。乡村建设，从来不是一句空话，而是实实在在惠及乡村、惠及百姓的善举。走进小康村，我们不仅能看到村子发展活起来、产业强起来、生活富起来、生态绿起来、环境美起来、名声响起来，而且能切实感受到百姓的幸福感。这套丛书并非仅仅描述小康村的建设成就，更为重要的是，还总结了小康村的建设经验，发现乡村的发展离不开人才，尤其是离不开村书记等领头人。

这些经济与文化齐头并进的小康村，是中国千百万乡村的代表，他们的“小康之旅”改变了百年来人们对农村的偏见，开始创造“乡村让城市更向往”的奇迹。从传统的乡土中国到现代的小康村，乡村发生了史无前例的社会蜕变，朝向更美、更健康、更文明、更富足的方向发展。多少年来，人们费尽心血追求的“小康社会”不再是纸上空谈，而是真真实实发生在身边的故事。当越来越多的人意识到乡村的价值，愿意投入乡村建设中，乡村的“空心化”与“贫困化”问题才能迎刃而解，全面建成小康社会才能真正达成。

季中扬

2019 年 7 月

01 印象仰徐村

初次了解到盐城市盐都区仰徐村是在2014年，我参加仰徐休闲农业与乡村旅游发展规划之时。那时，仰徐村在苏北欠发达地区的高质量发展给规划组一行留下了非常深刻的印象。早在20世纪末，全村就已经完成了第一批农民集中居住区的改造。截至目前，全村已经完成4批次的农民集中居住，无论是村民的居住条件，还是当地产业发展水平，都与新时代乡村振兴战略不谋而合。

初次了解到盐城市盐都区仰徐村是在2014年，我参加仰徐休闲农业与乡村旅游发展规划之时。那时，仰徐村在苏北欠发达地区的高质量发展给规划组一行留下了非常深刻的印象。早在20世纪末，全村就已经完成了第一批农民集中居住区的改造。截至目前，全村已经完成4批次的农民集中居住，无论是村民的居住条件，还是当地产业发展水平，都与新时代乡村振兴战略不谋而合。此次，课题组一行从南京驱车3个半小时，在仰徐村长住多日，对全村的村情进行了更加细致的了解，深刻地感受到仰徐村在乡村振兴战略这股春风下，正在成长为全面建设小康社会的样板村落。

一、村史略览

（一）仰徐村村名由来

仰徐村原名“四徐舍”。朱元璋削平了西南陈友谅和东南张士诚等割据势力，于明洪武元年（1368年）在南京建立了明王朝。当时盐城一带因连年战乱，加之水旱灾害，使得田荒灶废、民众逃亡。明统治者于洪武元年至洪武三十一年（1368—1398年），先后从苏州、浙江一带迁移近万人来苏北盐城等地拓荒垦殖（群众称之为“洪武赶散”）。当时盐城的徐金宝、徐金鼎两兄弟迁至徐马庄定居，共同创业。后两兄弟分家，徐金鼎迁到离徐马庄不远的介均口（现宝才村南、沟河东）拓荒垦殖，后子孙繁衍，逐步向马沟河东南、西南一带扩展。据《徐氏宗谱》记载，有徐氏五世祖徐宗甫迁来仰徐落户，仰徐村始称“四徐舍”。明代晚期有一个叫徐仰山的人，此人为人正直，乐善好施，好武勇，对残暴统治极为不满，就带领当地农民起义，受到广大劳苦人民的拥护和支持。起义军攻占城邑，后被明军打败，徐仰山逃回

仰徐村俯视图（村委会提供）

故里隐居，不久被查获，后被处死。当地人民为了纪念他，故将“四徐舍”改名为“仰徐庄”。中华人民共和国成立后改为“伸徐村”，1958年后改为“仰徐大队”，马沟建镇后又改为“仰你村”，后更名为“仰徐村”。[1]

附：仰徐建置沿革

明洪武元年（1368年）属淮安府盐城县；

清顺治元年（1644年）属淮安府盐城县；

1912年至1936年属江苏省城厢市；

1936年9月属江苏省盐城县第一区冈中乡；

1940年10月属江苏省盐城县第一区民友乡；

[1] 仰徐村村委会：《仰徐村村志·概述篇·仰徐村村名由来》。

“全国文明村”仰徐村（村委会提供）

1946年4月属江苏省叶挺县潘黄区马冈乡；

1950年9月属江苏省盐城县潘黄区马沟乡；

1957年8月属江苏省盐城县马沟人民政府；

1958年9月属江苏省盐城县潘黄人民公社管理委员会；

1959年4月属江苏省盐城县马沟人民公社管理委员会；

1968年4月属江苏省盐城县马沟公社革命委员会；

1981年8月属江苏省盐城县马沟人民公社管理委员会；

1983年8月属江苏省盐城市郊区马沟乡；

1987年10月属江苏省盐城市郊区马沟镇人民政府；

2002年2月属江苏省盐都区潘黄镇人民政府；

2010年9月属江苏省盐都区潘黄街道办事处。[1]

（二）20世纪初—1949年

20世纪初，仰徐村经济十分落后，既无工业，也无商业，土地贫瘠，盐霜遍地，田地荒芜，荆棘丛生，河道淤塞，环境恶劣。全村只有一条小土路贯穿东西，河上只有3座杂树钉成的小桥。全村只有地主徐学怀一家的房子有外墙砖，其余住户全部是泥墙草盖，村民生活十分困苦，一片凄凉。村里人十有六七携家带口去无锡、常州、浙江等地为他人打山柴、扛山货、罱泥、扦砻、打长工、做短工，也有的逃去北方拾山芋、草根充肠塞肚，人民生活在极其困苦与无助之中，挣扎在死亡线上。

1937年7月，日本帝国主义发动全面侵华战争，中国大片国土沦陷。1940年10月中旬，盐城县抗日民主政权成立，仰徐村属盐城县第一区，马沟辖区分设冈东、古亭、南冈、冈中、民权、新民6个乡，每乡设副乡长、粮管员、民兵中队长各一人。仰徐村隶属冈中乡，当时的冈中乡辖吕家垛、蔡庙西庄、蔡庙庄、仰徐庄、周家舍、陈家墩、北三舍、西唐刘河、东吴舍、诸家舍、庙徐舍、后徐舍等自然村，即合并前的新徐、仰徐、蔡庙、蔡徐、薛桥、联垛、吴舍7个村，每村设村主任、财粮员、农会长、妇救会长、民兵分队长各一人。经村民回忆，在此期间，仰徐村有村主任徐兆林、财粮员

[1] 仰徐村村委会：《仰徐村村志·概述篇·仰徐建置沿革》。

陈学伟、农会长徐怀楼、妇救会长徐扣巧、民兵分队长徐兆宽等人。1940年前后，当地还没有党组织，地下党员只有个别人，地方党群工作由民运工作队来兼做。

1941年秋，日伪大扫荡开始，抗日形势十分严峻。为了更强有力地开展游击战争，袭击敌人据点，第一区民运工作队深入到各乡村，发动群众，成立抗日民主政权，发展苦大仇深的百姓参军入伍。第一区民运工作队负责人胡特庸指派潘克、黄炜带领章力、刘云、穆林、张南、周临水等人深入各乡村开展工作，当时民运工作队队员绝大部分是爱国青年学生、抗大五分校学员。1941年秋后，张菊、刘云等同志发动启发教育后，首先吸收了新民村东陈庄、李梅庄的陈广侠、陈监山、陈荣福等人入党；1942年7月，在周临水、黄东平、王干成等人的教育培养下，仰徐村徐飞余、徐文魁、徐兆琪、徐兆林、徐兆宽加入了党组织。当时冈中已建立党的支部，主要成员有李济浓、徐兆余、徐付友、徐金生、徐文魁、刘云，刘云任支书，兼民运队员。在众人的努力下，1942年至1945年又先后吸收了仰徐村的徐田昌、徐文珍、徐怀楼、智安邦、李德珍、李德顺等一大批同志加入党组织，并成立了抗日农救会，开展除奸打恶，动员参军、支前、做军鞋，组织生产自救，为抗日救亡运动做了大量卓有成效的工作，促进了仰徐抗日政权的巩固和发展。

1942年年底到1944年年底，敌我斗争形势十分紧张，盐城、伍佑、大冈、龙冈、野黄、孙英等地都驻有日伪军。敌人建有岗楼、炮楼，实行强化统治，经常下乡扫荡、拉夫、抢粮，烧杀抢掠，无恶不作，严重影响了地方安宁，给人民带来了无尽灾难。龙冈、大孙庄同仰徐仅隔一条冈沟河，龙冈、大孙庄敌伪常来仰徐骚扰，窜入仰徐西半部拉夫、绑人、抢

仰徐村全貌

粮，抬猪捉鸡，搜刮民财数十次，人民深受其苦。当时敌人来仰徐东边次数较少，因仰徐东边是仰徐区队腹地，敌人不敢轻易深入。只有过一次突然性袭击，因仰徐民兵徐兆宽、徐兆林奋起阻击，未造成大损失。1944年3月某日，天还未亮，驻大孙庄敌伪由西庄刘河进入吴舍、新徐、仰徐扫荡，抢去大量粮食和牲畜，并绑架了新徐村徐小晚儿子、仰徐村徐文魁妻子陈琳，时间长达28天，后经找大孙庄伪保长孙永丰从中斡旋，用20多担粮食才将两人放出来。此次扫荡中，仰徐区队分队中队长徐兆宽、徐兆林带领仰徐民兵进行了有力的反击，在追击敌人时，俘敌一人，缴获轻机枪一部，沉重地打击了敌人的嚣张气焰。1945年8月15日，日本宣传无条件投降，抗日战争以中国人民的胜利而告终。

（三）1949年至今

1949年4月15日，解放军胜利渡过长江，直捣国民党统治中心南京，不久南京解放。1949年10月1日，中华人民共和国在北京宣告成立，中国人民从此站起来了，一个崭新的中国从此屹立在世界的东方。

中国共产党是领导全国人民革命斗争的核心力量，是无产阶级先锋队组织。中国共产党领导全国人民经过艰苦卓绝的斗争推翻了旧中国的封建主义，推翻了日本帝国主义和国民党的反动统治，解放了全国，并在中华人民共和国成立后，顺利完成了对农业、手工业和资本主义工商业的社会主义改造。中国共产党是领导全国人民进行社会主义现代化建设、走上富裕道路的指路明灯。在中国共产党的领导下，仰徐村从1955年起成立了基层党支部，1996年成立了党总支，2008年7月成立了中共潘黄镇仰徐村党委会。几十年来，仰徐人民群众的自治组织和各群团在党组织的正确领导下，不畏艰险，不怕牺牲，团结奋战，带领全村人民经过不懈努力，在各行各业取得了可喜的成绩，使仰徐村成为“全国文明村”“经济建设排头村”，先后被授予“全国民主法治示范村”“江苏省社会主义新农村建设示范村”“江苏最具魅力休闲乡村”等荣誉称号，未来仰徐必将成为社会主义新农村建设的光辉典范和里下河地区一颗璀璨的明珠。

二、村情概要

（一）自然资源和社会经济状况

仰徐村地处盐城西南，距市区10千米，位于盐徐高速和宁靖盐高速交会处，东与新徐相连，西同新英隔河相望，南同新民接壤，北同蔡庙为邻，是清代名臣徐铎故里。仰徐村地势平坦，平均海拔2.5米，全年主导风向是东南风和东风，平均日照数为2241～2390小时，平均气温15℃，平均降水量1000毫米，无霜期240天左右，土壤以白脚土和少量小粉浆土为主。

仰徐村系一村带两村，全村总面积10平方千米，现有耕地9702亩[1]，人口7325人，党员近300人，村党委下辖3个党总支（仰徐、新民、新英党总支）和1个驻外党支部。[2]2017年，仰徐村全村实现三产业总产值11.25亿元，农民人均可支配收入24640元，村集体收入506万元。

（二）经济发展状况

仰徐村过去是“穷三徐”之一。改革开放以来，特别是在加快科学发展的进程中，仰徐村以“创先争优”为抓手，积极实施了新农村、新党建“双新”联动工程，深入推进了党员干部“双学三创争五好”目标承诺活动；并坚持“民建、民有、民营、民富”的原则，保留了土地承包权，保障了土地收益权，保证了用工优先权，采取了农户自主经营、股份合作、民间资本注入、科技部门带头示范等形式，加快了设施农业的发展步伐，充分释放了经济发展活力。

目前仰徐村全村已形成现代高效农业、新型工业产业、近郊生态旅游业三大特色支柱产业，引用新技术、新品种、新模式发展“三新小农场”，对6000亩耕地进行“五千工程”建设，即千亩设施草莓园、千亩设施葡萄园、千亩设施蔬菜园、千亩景观园林、千亩良田示范园；高标准建设机电产业园，园区面积达2000亩，起步建成区530亩，已有26家企业入驻；村属企业荣泰集团涉足疏浚打捞、商贸流通等行业，资产达4亿元，年

[1] 1亩约等于666.67平方米。

[2] 仰徐村村委会：《仰徐村村志·概述篇》。

仰徐村第二批集中居住民居

产值5.2亿元，转移了劳动力600多人；大力发展城郊旅游业，吸引了民间资本，建设了秀成生态园、洪圣风情园，积极引导农户利用自家居住的房屋办起了6家具有地方特色的农家乐，创建了具有当地风情的省四星级“都市乡野、快乐仰徐”一日游项目。

（三）民生保障状况

仰徐村深入推进“四有一责”制度，即有持续稳定的集体收入、有功能齐全的活动阵地、有先进适用的信息网络、有群众拥护的“双强”带头人，强化村党组织领导责任。目前，已建成集行政管理、社区服务、党群教育、卫生保健、健身娱乐等功能于一体的，全市一流的村党群综合服务中心。仰徐村积极推进农民集中居住，都市型村庄建设已达一定规模，建成6个风格各异的别墅小区和1幢农民公寓，集中居住达346户，中心村集中居住率达97%以上。为推进民生项目，全村集体出资为农民办理农村新型合作医疗，参保率达100%，并扎实推进老年幸福家园、农民休闲公园、污水集中处理站等一批民生福祉工程，不断提高人民群众的幸福指数。全村倡导“爱集体、讲文明、有文化、守法律、懂技术、会经营”的村风民风，深入开展农民素质提升培训工程，创新“十星级文明户创评”活动，在全市首创村民“道德银行”，全面推进民主管理，不断健全村务公开、民主监督、民主决策等制度，取得了可喜的成果。

（四）公共事业发展状况

仰徐村在公共事业建设方面投入较大，基础设施建设取得了一定成就，建成了宽12米、长2500米的荣泰路，机耕道15000米，大小桥梁28

仰徐村新建村委会建筑

座，还建成了绿化面积3000平方米的一期中心村（农民别墅200幢），以及高标准的农田林网，全村自来水入户率、电视普及率、电话安装率、新型农村合作医疗参保率、少儿入学率均达100%。

三、发展优势

一是有齐全的产业基础优势。仰徐村已在农业综合开发项目中实施了农田道路、排灌系统、绿化等一批基础项目，农业生产基础较好，有蔬菜园、花卉园及农业龙头企业粉丝厂；拥有建材、纺织、印刷、水厂等工业企业；拥有集基础工程、建筑安装、疏浚打捞为子公司的村骨干三产企业荣泰集团。

二是现行的中心村建设基础好，规划起点高。

三是有良好的生态基础优势。村内已经建成了循环特色农业生态链。

四是有良好的人文基础优势。该村在村民中较早地试行了道德银行，依据道德银行条款定期对村民进行考核公示，与“十星级文明户”创建活动挂钩，提高了全村村民的文明素质。

四、发展需求

在观光农业方面，大部分农户渴望在生态农业方面获得技术支持，兴办生态农业观光项目，提高农业的附加值。

在招商引资、项目推进方面，企业主都希望能得到政府和金融部门的资金信贷支持，在技改扩能、提升产品附加值方面求得突破。

仰徐村第三批集中居住民居

在基础设施方面，农户期望尽快改善农田水利设施，加快建设生产河桥梁，建立生产河道长效管理机制，加大中心村基础设施投入，人人能享受到经济发展带来的实惠。

在社会事业发展方面，农户都希望在中心村建设上得到政府相关部门的规费减免，进一步加大对村弱势群体的扶持力度。

传统农业发展与转型

02

多年来，仰徐村坚持以工业化的理念发展现代高效农业，以全民创业为抓手，创新扶持方式，融入乡村旅游，挖掘农产品的休闲功能，形成设施草莓、精品葡萄、景观园林、绿色蔬菜、优质稻米五大特色产业，探索保留承包权、流转经营权、保障收益权、优先用工权的发展新形式，兼顾各方利益关系，促进持续、健康发展，助推新农村建设。

中国是世界农业发祥地之一，中国的农业发展源远流长。仰徐村作为中国江苏北方一座典型的村落，其农业发展历史同样悠久，尤其是近现代以来，发展速度快、成果多，是仰徐村一个十分重要的产业。

仰徐村的传统农业在很长一段时间都是主要的收入来源和发展产业，直到改革开放后，传统农业发展带来的收入逐渐被工业等其他产业超过。仰徐村传统农业发展时间久远，发展方向以种植业为主，辅之以林业和副业，发展的内容和成果也十分丰富。

一、种植业

中华人民共和国成立前，仰徐村主要种植三麦（大麦、元麦、小麦）、水稻。几百年来，受落后的耕作习惯、低劣品种及自然灾害的影响，使得粮食产量低而不稳，麦亩产300斤[1]左右，水稻亩产400斤左右。中华人民共和国成立后，在中国共产党和人民政府的领导下，经过生产关系的改革和完善，耕作制度的改革和推行，农作物布局的调整优化，水、肥、药、机等结合使用，促使种植业稳定高产，单位面积产量不断提高，农业收入不断增加。在种植主体农作物的同时，辅以种植棉花、大豆、蘑菇、荸荠、蔬菜等。

（一）生产资料所有制

1946年前，仰徐村一直延续着封建土地所有制。多数耕地由地主占有，劳苦大众靠租佃地主耕种，承受着地租和高利贷的剥削，农民一年忙到头，

[1] 1斤等于500克。

辛勤劳作，但最后仍是食不果腹，饥寒交迫。1947年土地改革运动，按照“依靠贫农，团结中农，中立富农，有步骤有分别地消灭封建剥削制度，发展农业生产”的土地改革总政策，没收地主的土地、房屋、耕牛、农具四大财产，然后分配给农民，从此封建土地所有制被彻底推翻，建立起农民土地个体所有制，实现了耕者有其田。从1953年开始，实行农业的社会主义改造，成立农业互助合作社等，把农民土地所有制改为了集体所有制。之后的人民公社、家庭联产承包责任制都没有改变生产资料的所有制性质，一直都是集体所有，但都不断改善制度，调动农民的生产积极性，促进农村经济的发展。

（二）耕作制度

仰徐村地处盐城西部，20世纪50年代初，除有一定的荒地外，其余耕地以老沤田为主，其特点是常年不脱水，一年须耕翻4次。在耕牛不足的情况下，以人力代替畜力，初冬早春，破冰拉犁，苦不堪言。因耕作制度落后，年仅一熟，产出和土地利用率很低。于是仰徐村把沤田改旱田作为提高农业产量的重要途径，1968年前全村沤田改制全部结束，产出和土地利用率得到迅速提升。60年代初，境内推行稻、麦、棉、绿二年四熟轮作制，即第一年稻收后种麦，第二年麦行套种棉花，后年棉花行套种绿肥（苕子、黄花菜）等，绿肥田再种水稻，循环进行。1965年后逐步采取了水、旱作物交替，用地、养地相结合的办法，实行轮作棉花。70年代初，形成了稻、麦、棉、绿水旱轮作制，合理的轮作换茬，有利于改良土地性状，调剂茬口、劳力和季节之间的矛盾，增加绿肥和棉饼有机肥料，交替使用人畜粪，对发展农业生产起了积极作用。70年代扩种三熟制，扩大双季稻面积，全村7个生产队，采取大麦、前季稻、后季稻三熟制，提高了复种指数，全村双季稻面积一度达200亩以上。

由于双季稻投入成本高，加之所处地区光照不足，不利于后季稻的生长，双季稻年际间差距大，最高亩单产量近400斤，由于霜期来得早，最低年份亩单产量仅有150多斤。群众说“三三进九，不如二五一十”（意思是三季不如两季实惠）。1978年起，逐步恢复到常年两熟制作物的种植模间套种。80年代初，由于以麦代绿，以油代绿，绿肥面积的种植随之消失。随着生产条件的改善和稻麦两熟制的推行，复种面积逐步增加。

（三）推广良种

1. 水稻

表2-1 不同时期的水稻良种推广表

时间	品种	备注
20世纪50年代	引种黄壳早、青阳早、老来青等粳稻品种	植物品种是传统的劣质低产品种
20世纪60年代	引种珍珠矮、广场矮、金刚30号等早中熟品种；后又引种朝阳1号、原丰早、广陆矮4号、农垦57等	
1976年	主要品种为南优2号、南优3号、汕优63号等	引进杂交稻，全村进行杂交稻制种栽培
2006年	引种准稻5号、盐粳3号、粳稻1916、徐稻3号、淮稻11号等	
21世纪初	引种泗稻12、盐粳7号、涟稻7号、盐稻1号、淮糯12、盐糯12等	

注：资料来源于《仰徐村村志·经济篇》。

2. 三麦

表2-2　不同时期的三麦良种推广表

时间	品种	备注
20世纪50年代	大麦品种有六棱子；元麦品种有三月黄；小麦品种有广玉皮	
20世纪60年代	小麦品种为早红、早白、扬麦1号	
20世纪70年代	大麦品种为星杨麦3号、扬麦2号、矮秆宁丰等	引进半冬性、春性品种
2006年	大麦品种为西引2号、苏啤1号；小麦品种为扬麦11号	
21世纪10年代	大麦品种有苏啤3号、苏啤4号、丰优8号；小麦品种有关陵903、玉麦34等	

注：资料来源于《仰徐村村志·经济篇》。

3. 棉花

表2-3　不同时期的棉花良种推广表

时间	品种	备注
20世纪60年代中期	引进鄂光棉	
20世纪70年代	引进沪棉204、泗棉1号等	
1978年后	种植徐棉142、徐棉6号等抗病棉品种	抗病棉品种，抗病性能强，增产效果明显，凡种植此类品种亩产均在150公斤[1]以上，取得了较好的经济效益
1998年后		全村因中心村建设、工业的发展而停止棉花作物的种植

注：资料来源于《仰徐村村志·经济篇》。

[1] 1公斤等于1千克。

4. 油菜

表2-4　不同时期的油菜良种推广表

时间	品种	备注
中华人民共和国成立初期	以芥菜型的麻菜和白菜型的过寒菜为主	麻菜具有耐寒、耐瘠、耐碱和抗逆性较强的特点，但产量较低；过寒菜是食用蔬菜，一般在家前屋后种植
1957年后	引进甘蓝型的胜利油菜	为冬性晚熟品种
1970年后	引进兴化油菜淮油6号、宁油6号、宁油7号等甘蓝型油菜	改晚熟品种为早熟品种
20世纪90年代	引进秦优7号、秦优11号	这类品种抗寒耐倒伏，抗病性强，亩产量可达400斤以上，现为人民群众种植的最佳当家油菜品种

注：资料来源于《仰徐村村志·经济篇》。

（四）植物保护

1. 防治病虫害

不同年代，仰徐村曾出现过不同的病虫害。中华人民共和国成立前，农作物的主要天敌是蝗虫。一旦发生蝗灾，农作物受损最大，严重时农作物全部被啃光，农民颗粒无收且对蝗虫束手无策。中华人民共和国成立后，仰徐村采取了各种措施，蝗灾没有了，但其他病虫害增多（见表2-5），这些病虫对农作物危害很大，往往造成减产甚至失收。20世纪60年代，水稻白叶枯病经常发生，受害稻田一片枯白，一般要减产30%左右。1973年，三麦赤霉病大发生，大麦、小麦病穗率达50%～70%。当时夏粮大幅度减产，霉变麦子人、畜均不能食用。1978年，三、四代棉铃虫大暴发，棉花蕾铃损失严重，棉花严重减产。1982年，棉花枯萎病大发生，7个生产队近千亩棉花枯萎率达30%，造成了一定的经济损失。

表2-5　中华人民共和国成立后不同作物的病虫害情况表

作物	病虫害
水稻	枯病、白叶枯病、稻瘟病、叶尖枯病、稻粒黑粉病、叶斑病、条纹叶枯病、二化螟、三化螟、稻蓟马、稻飞虱、灰飞虱、稻叶蝉、稻纵卷叶螟、稻苍虫等
小麦	赤霉病、白粉病、黑穗病、锈病、条纹病、黄花叶病、黏虫、麦蚜虫、麦蜘蛛等
棉花	红蜘蛛、棉铃虫、红钻虫、玉米螟、盲蝽蟓、造桥虫、卷叶虫、炭疽病等
油菜	病毒病、菌核病、青虫、蚜虫等
蚕豆	赤斑病、锈病、蚕豆象、豆蚜虫等
玉米、大豆	青枯病、黑粉病、大斑病、小斑病、玉米螟、高粱条螟、地老虎、豆荚螟、毒蛾等

注：资料来源于《仰徐村村志·经济篇》。

对于以上病虫害的防治，不同年代有不同的具体做法。20世纪五六十年代，坚持对作物病虫害防治结合，以防为主的工作方针，采取多种配套措施，不断减轻病虫害的程度。1956年，开始逐步推广西力生、赛力散粉、六六粉、二三乳剂等化学农药；1962年，又逐步使用高效剧毒农药防治，如1059、1605、乐果、苏化203、3911等；1970年，全面推广杀虫单、杀虫双等有机农药，还有甲胺磷、井冈霉素、粉锈灵等农药；1980年以后，又推广高效、低毒、低残留菊酯类农药，如敌杀死、速灭杀丁等，防治效果十分明显。同时大队（村）干部对病虫防治十分重视，采用广播会、群众干部代表会进行宣讲，深入田间进行技术辅导，乡组织农技人员送技到户到田头，从而使病虫害的防治工作取得了很好的效果。21世纪初期，使用甲氨盐阿维菌素、氯氰菊酯、辛硫磷敌敌畏、敌杀死、氧化乐果、吡虫啉毒死蜱等诸类低毒高效农药进行防治，防治效果明显，为农作物的丰产丰收创造了有利条件。

2. 化学除草

仰徐村田间杂草种类繁多，稻田有稗草、球花碱草、水莎草、牛毛草、鸭舌草等；麦田有看麦娘、猪殃殃、婆纳头、荠菜等；棉田有千金子、牛筋草、马唐等。1978年以前，对待田间杂草一般都是以人工清除为主。1978年起，推行化学除草，省工省力效果好。水田除草使用药剂丁草胺、灭草松、丙草胺；麦田除草使用绿麦隆药剂。此外，油菜、大豆等作物的种植场都采用了化学除草，取得了明显的防治效果。

（五）农作机具

1. 耕耙机具

仰徐村传统的土地耕作以耕牛为主。合作化前，全大队有耕牛31头，耕耙农具主要有木犁、木耙、石磙、钉耙、大锹等。1958年，推广绞关犁，起初用人力牵引，后用机电绳牵引。60年代中期，首次使用拖拉机（当时是乡农机站派来支援秋耕秋种）。1976年，手扶拖拉机普及全村7个生产队，计8台96马力，以后发展到12台，仰徐村的耕地除少数零星地用耕牛外，大田面积耕地均以拖拉机耕作为主。

2. 播种机具

仰徐村农民采用人工撒种，牛耙破袋盖种。20世纪60年代，棉花播种普遍使用单行条播器和条播提篮。70年代初，棉花育苗移栽使用直播器和移苗器；三麦播种推广旋耕机，旋耕后用机耙破袋盖种。1978年研制麦田开墒机，并投入使用。90年代后一直用免耕法，将麦种撒入田地后，用中型拖拉机或12匹拖拉机装袋旋耕破袋盖种。水稻播种采取直播（将稻种浸后催芽或原种直接撒入田中），用旋耕机破袋盖种后上水，用湿润管理的办法进行播种和育秧移栽的方法进行种植。

3. 田间管理机具

仰徐村旧时用锄头、铁耙、大锹、铁铲、耥耙等作为种耕除草的农具。20世纪50年代后，推广三齿耘锄，并使用旋耕犁在大行间进行灭茬。60年代，随着农药的推广使用，手摇喷粉器、单管喷雾器和压缩喷雾器的使用逐渐增多。1965年，全村有喷粉器和喷雾器30余架。1972年以后，全村农户一直用机动喷雾器或人力喷雾器防治病虫害。

4. 收获机具

1972年以前，仰徐村割稻、割麦主要用传统的镰刀，同时兼用一些辅助工具，如使用麦笼、稻拖子、背篼、绳夹等进行人工操作。棉花由人工采摘，背篼子存放，绳包或麻袋装运、贮存。1973年，开始试用稻、麦机动收割机。1986年以后，全村粮食作物大部分用收割机作业。仰徐村有人民号35马力/瓦收割机1台，20马力/瓦收割机2台。随着外来收割机械的引进，稻、麦两季收割速度快、质量好。

5. 脱粒机具

过去，仰徐村普遍采用石碾、连枷、牛拖石磙打场等脱粒方法，以括板、木锨、翻耙、铁叉、板锨、扫帚、笆斗、对箩等做辅助脱粒工具。1963年推广人力脱粒机，全村共有人力脱粒机100余台。1966年开始推广使用机动脱粒机。到1982年，全村拥有大型机动电动脱粒机8台，小型电动脱粒机近百台，基本实现了脱粒机械化，省工省力又省时。

6. 排灌机具

旧时仰徐村传统的排灌农具主要有风车、洋车、牛车、踏车。风车和洋车均由风力转动，牛车由牛力拉动，踏车由人工转动，一般4个人踏一部车。1960年前，境内尚有风车10部、洋车57部、牛车1部、踏车30部。1962年，马沟电灌站柴油抽水机在仰徐村投入使用。随着抽水机的发展和普及，传统的排灌农具逐渐消失，至1981年，全村有抽水机8台，农用水泵8台。1990年以后，全村（大队）有电动抽水机8台，柴油机泵抽水机12台。全村机电灌溉面积达100%，旱地浇灌主要是用小型的电动水泵进行，全村共有小水泵200台以上。

7. 农用运输机具

20世纪50年代，仰徐村农用运输工具主要是小木船，1957年有小木船35条。1962年以后，运送公粮、挖泥划渣均用水泥船，吨位从2吨到12吨不等。1976年起，又推广使用冲水机船、挂桨机船，1982年全大队有农用船48条。2006年后，拥有农用运输机械三轮15台套、四轮13台套。同时，人力三轮车、电动三轮车、机动四轮车、摩托车、电瓶车普及全村百姓人家。

（六）农田基本建设

仰徐村旧时有大量农田高低不平，河道弯曲狭窄，沟塘到处可见。不但难以使用机械灌溉，也不便于对作物进行统一布局和耕作。从20世纪60年代开始，对农田基本建设做出规划，按照上级规定的“千亩一个圩，百亩一个框，三亩一块田，一律南北向，截截田有沟渠，块块田通活水，排灌降三分开”的要求，全面实施农田基本建设。

1. 搞好河网化

从1969年开始，历年都出动近500名劳力，开挖马中河、仰中河、先锋河，拓宽仰徐村内前港河，开凿生产河道6条。截至1983年冬，基本实现了河网化。农田方格化以仰徐中心河为起点向南、北延伸120米，各构筑机耕道一条（东从马中河，西至冈沟河），中心河南北共分4截田块，一律南北向。

2. 大搞平田整地

20世纪60年代，以建设双纲田、吨粮田为目标，掀起群众性的平田整地高潮。每年各生产队都投入大量劳力搞平田整地。经过多年的努力奋战，到1970年后，基本建设成为高标准的样板框、样板田。1976年，结合秋收秋种，大搞平坟还田，将散落在各户农田里的所有坟墓迁至规划地，从而有利于机械化耕作。1980年开始，全大队组织劳力掀起新修机耕道的热潮，共建机耕道20多条，普及到各生产队。

二、林业

植树造林，绿化祖国，美化家园，造福后代。仰徐内植树造林主要体现在农田林网、圩堤植树、道路绿化、园林绿化等方面。绿化面积目前已占全村总面积的40%以上，现在到处是绿树成荫，景色宜人。栽植的树苗品种繁多，实现了绿化、香化、净化、美化的要求，彻底改变了仰徐村的生态环境，

仰徐村村内局部绿化景观（村委会提供）

多年来被各级政府评为生态建设文明村居。

（一）农田林网，圩堤植树

利用家前屋后、路边河旁、农田圩堤栽植树木，是仰徐村农民的传统习惯。种植的树种有杨树、桃树、桑树、丁字槐、榴树、骨树等。2006年后，全大队四旁植树15003株，折实面积103.5亩。

（二）道路绿化，园林绿化

随着社会主义新农村建设深入推进，在各级政府部门的大力支持下，经过全村干部群众的共同努力奋战，境内荣泰大道，马中河，盐宁、盐淮高速公路，福园路，兴业路两侧，仰中河南北，工业园区，农民公园和中心村居民住宅区间等建成了高标准的成片林区和林带，各种花木争奇斗艳，树木四季常青，美不胜收。漫游林区处处是鸟语花香，使人倍感心旷神怡。多年来，镇、村两级领导及有关部门高度重视仰徐苗木的发展、栽培与管护，定期除草、治虫、整枝、追肥，使林区林带成了一幅天然美丽的画卷。

仰徐村村内道路（局部）（村委会提供）

三、副业

仰徐村的副业生产主要是在1958年以后逐步发展起来的，而且是集体组织生产。1959年，大队建立了养殖场，生猪年饲养量高峰时达500多头，鸭子1000多只，另有粉坊养蚕等副业项目。此后，公社成立多种经营办公室，把副业生产纳入农村经济工作的重要组成部分。大队确定专人（副业大队长）抓副业，由于领导力量的加强，副业生产得到重视，发展的速度加快。农户养猪、养鸭、养鸡、养羊；全村各个生产队集体都办起了养猪场，利用剩余队房、新建房指导群众种蘑菇、慈姑、荸荠，做砖坯，自办小窑烧制青砖，磨粉加工粉丝等，加工的粉丝除到盐城兑换蚕豆外，其余销往大丰、射阳等地。1970年，社员李兆山磨粉养猪成了仰徐村有名的万元户。20世纪60至80年代，以徐兆坤、周正怀、徐兆彭等6人为首的运输（大船）专业户，从事物资运输行业。进入90年代后，有陈守祥等8人的养鸭养鸡专业户；有以李根娣为首的3人开的豆腐坊，加工豆腐、百叶、茶干供应当地人民食用；有周俊德等人从事饮食加工销售；有以王玉梅为首的进行卤制食品加工销售的专业户；有徐长和、智桂山、吴加如等10人的农副产品、肉类等销售专业户；有徐文广、徐文余等人从事蘑菇生产专业；还有饲养肉牛专业户二队村民徐文胜。经过他们辛勤的劳动和认真经营，都取得了较好的经济效益。与此同时，在村党支部和村委会的正确领导之下，村内先后办起近万头的良种猪场和年产万斤以上的粉丝加工厂。近年来，大棚蔬菜生产基地、花木生产基地等具有一定规模的副业项目，使村级经济得到了长足发展，为仰徐新农村建设起步奠定了牢固的思想基础和物质基础。

2007年，盐都区潘黄街道仰徐村响应国家政策，大力发展现代高效农业。仰徐村是盐城市3个重点新农村建设示范村之一，是全省百家新农村建设示范点，坚持以工业化理念发展高效农业，突出规划引领，注重科技创新，加快推进现代高效农业示范区建设。在深入开展调研的基础上，通过流转土地、入股下乡、投资创办农业园、构筑“科研单位+公司+基地+合作社+农户”的服务平台，并以基地为载体，突破现代农业发展的瓶颈，并开展了专项研究，让创新成果直接转化为富民成果，为高效农业的快速发展提供了强大的科技和智力支撑。如果说传统农业悠久的发展历史为仰徐村现代高效农业的发展打下了扎实的基础，那么现代高效农业则运用科技，接力传统农业，取长补短，大大地推动了仰徐村的农业发展。

四、科技兴农

“枝壮实的留两个芽，枝弱的留三个芽……”在江苏省盐城市盐都区潘黄街道仰徐村葡萄园内，盐城市农业科学院挂县强农富民工程项目负责人徐文华研究员手持剪刀，边演示边和村民董红兰、王巧兰交流葡萄枝冬剪操作要领，周围一片现代化的农业大棚。但在仰徐村党委新民党总支书记董兆付的记忆里，10年前的仰徐村，并不是这样。那时仰徐还只有一片麦田，收成多少只能看天，每亩年收入不到1000元。而眼前的仰徐，是成片的大棚和现代化农业设施，年收入能达到8000元，甚至有的能突破1万元。这一切变化，都要从科技走进仰徐开始。

2007年，时任盐城市农业科学院科技服务中心主任的徐文华受单位委托，入驻仰徐开发高效农业“试验田”。在入驻之初，便遭遇了巨大的问题，村民不愿意冒险改变原有的种地方式。“作为农业科研单位，我们积累了大量的科研成果，但转化率不高。为什么？老百姓对现代农业一下子接受不了啊！”徐文华一语道出当时的背景。面对这样的情况，他毅然决定自己作为带头人，首先在仰徐这片土地上进行葡萄种植。当年，由徐文华牵头，在仰徐村流转土地700亩，租赁期限20年。江苏沿海地区农业科学研究所，以及该所科技人员和村级企业按“三四三”的投资比例投资200万元，合作创办盐城市仰徐现代农业科技有限公司，构建“公司+基地+合作社+农户”的科技服务平台，开启了现代农业在仰徐的新篇章。团队成员入股下乡，承担起驻村专家和公司股东的双重角色，既管技术创新与推广，又管生产和销售，做给农民看、带着农民干、帮着农民富。草莓种植大户李万选深有体会：“一开始，我们种的草莓产量不高，口感一般，市场效益不好。现在，我们村种的红颊、宁玉、宁丰草莓都是最好的品种，在市场中每斤能卖到10多元！”仅草莓产业，全村种植户的亩均纯收益就达到8000多元，个别示范户亩均效益突破了万元。今年基地又投资200多万元，扩建设施栽培面积300余亩，还成立了土地股份合作社。如今，常年在基地打工的周边30多个农民，人均年收入3万元，150多名季节性零工人均年收入5000元，土地流出方每年还有 800元/亩的租金收入，园区所涉农户增收达22.38%。

为了实现农民增收的目标，徐文华将整颗心都放在了村里，常年待在田间地头。2009年来，徐文华年均驻村200天以上，往往一家结束，就要马不停蹄地去下一家，往往要忙到天黑。2013年，“老把式”陈正海家种了6年番茄的大棚里不时出现叶片萎蔫甚至死苗的现象，结出的果子偏小，减产达3成。徐文华了解情况后，把陈正海家的番茄病株带回实验室，确诊为枯萎病，问题出在连茬障碍上。他给陈正海开出“处方”：番茄收完后长一季水稻，品种是“盐稻12号”。当年，陈正海家一亩地多收了500多公斤稻子，增加收入1000多元。他向徐文华竖起大拇指："种田得相信科学！"凭借着为人民服务的精神，徐文华在仰徐工作期间，引进果蔬新品种30多个，发展大棚草莓1100亩，还帮扶创办兴民草莓专业合作社等6个合作经济组织，申请"万选""采红""仰徐"等多个农产品注册商标。2010年，徐文华又投股22万元，与当地果蔬种植户合股创办了盐城市强民农业科技发展有限公司，和当地农民一起，推动农业科技在仰徐村生根、发芽和茁壮成长。

五、科技推广

盐城市农科院江苏沿海地区农业科学研究所项目组在仰徐村建立果蔬设施栽培特色产业科技示范基地，培育了"盐紫豇1号""盐紫豇2号"新品种，引进并推广了全省农科院系统具有自主知识产权的红颊、雪蜜、宁丰、宁玉草莓，苏椒5号，苏蜜系列西瓜等20多个果蔬新品种；培植了草莓、葡萄、番茄、优质稻米等多个特色产业；研发并集成示范的"设施蔬菜（番茄、辣椒、茄子）—粳稻"水旱轮作模式，在仰徐村示范种植100多亩，并辐射郭猛、尚庄、秦南、大冈等周边6个乡镇，影响面积达3000多亩，已成为当地广大种植户熟练掌握的操作模式；研发的"上果（葡萄）—中禽—下草—粪还田"立体种养模式，以"一种连栋大棚葡萄园立体循环种养方法"，申报国家发明专利已通过初审，并且成功地在仰徐葡萄园全面应用，连续数年取得了显著的经济效益。研发的在日光温室构建"设施蔬菜（番茄、辣椒、茄子）—西瓜"的种植模式，利用土壤埋草、生物腐熟技术杀灭前茬产生的有害病菌，增加土壤有机质的旱旱轮作模式，也在仰徐村日光温室大棚全面实施。推广的一批农业科技成果取得了显著的经济、社会效益，带动盐都区番茄、草莓、葡萄3个果蔬产业成为盐城市的3个“单打冠军”。

江苏沿海地区农业科学研究所项目组在注重本所示范基地快速发展的同时，还竭尽全力地帮助和带动仰徐村大力发展高效农业，并以搭建示范园区葡萄连栋大棚的形式，为仰徐村设施农业插下了第一根大棚支架，研制并集成示范推广20多项（个）设施草莓、葡萄、番茄等果蔬新品种、新技术和新模式，培植了草莓、葡萄、番茄、优质稻米等多个特色产业，培育出了董兆付、李万选等175个科技示范户，帮扶创办了兴民草莓专业合作社等6个合作经济组织，注册了“兴民”“万选”等7个果蔬产品商标；同时，想方设法开拓“农超对接”，缩短“从田头到灶头”的流通环节，开辟了专家下乡服务新路，促进了当地农业增效、农民增收。在项目组的带动和指导下，仰徐村的栽培面积从2007年实现零的突破，并且连年翻番，到2011年已经规划建设了千亩设施葡萄园、千亩设施草莓园、千亩设施蔬菜园、千亩景观园林和千亩良田示范园的“五千工程”，还兴建了近百亩“第7代”智能日光温室大棚，初步建成了盐城全市一流的高效农业示范园区。

六、成果介绍

（一）品种介绍

“盐紫豇1号”是青豇豆新品种，具有熟期早、丰产、优质、抗病等优点，荚条直、粗细均匀，商品性好，亩产量2500～3000公斤。“盐紫豇2号”是紫豇豆新品种，抗病抗逆性强，豆荚品质优、耐采收性好，更是富含抗氧化能力强的单体花色苷，能有效清除人体内的自由基，亩产量2200～2600公斤。

（二）“上果（葡萄）—中禽—下草—粪还田”立体种养模式

“上果（葡萄）—中禽—下草—粪还田”立体种养模式是一种连栋大棚葡萄园立体循环种养方法，该方法通过种养结合将连栋大棚葡萄园空间、地面资源高效利用，具体是在仰徐葡萄避雨连栋大棚内种植优质牧草、养殖草鹅，形成牧草饲喂鹅，鹅排泄物增加土壤有机肥，供给于葡萄生产和牧草生长的“上果（葡萄）—中鹅—下草—粪还田”的立体循环系统，这一模式克服了葡萄园养鸡伤根、破坏土壤、影响经济效益的弊端，使用这一模式的葡萄园无须外来的任何肥料和农药，减少了虫草害的发生，使得葡萄增产，增加鹅的生产效益。

这一模式选择的葡萄树需要栽培2年以上，根系发达，植株健壮；葡萄架离地1米以上，排灌系统通畅，葡萄行间距大，便于牧草种植管理及草鹅放牧；葡萄园土地准牧草以多花黑麦草为主，辅以少量的青菜或小白菜等叶菜类；鹅苗选择食草性强、耐粗饲、生长速度适中的苏北草鹅品种，每亩地按10～15只为宜。同时葡萄园要进行轮牧管理，将葡萄园均分为4个牧区，保证牧草的生长。

“上果（葡萄）—中鹅—下草—粪还田”的立体循环系统，充分利用了葡萄的土地和空间，使资源利用最大化。葡萄园种植牧草，使得牧草成为优势群体，抑制了杂草的生长，同时杂草再生性差，被草鹅采食后难以再生和繁种，从根上限制了草害的发生。杂草的消除使得虫害缺少了中间寄主，切断了生物链条，限制了虫害的发生，从而减少葡萄园防治虫草害的费用和农药污染；养鹅为葡萄提供了有机肥，保证了有机养分的供应，解决了争肥问题；饲养的草鹅是有蹼禽类，避免了养鸡刨根伤苗等影响葡萄生产的情况，利用轮牧和恢复期管理技术等保证了牧草生长，避免地表土壤板结等情况发生。

仰徐村葡萄园里的葡萄（村委会提供）

利用这一方法，仰徐村的大棚葡萄园在产生正常效益外，能够进一步节支增效，提高葡萄园的综合经济效益。一是每亩地养殖30只鹅（一年2批，每批15只），种苗饲养成本约50元/只，5千克以上的鹅市场价在150元左右，每亩增收3000元左右；二是轮牧养鹅给葡萄园遍施有机肥，减少基肥的投入，每亩节支200元左右；三是葡萄园放牧养鹅控制了园内杂草的生长，减少虫草害，每亩减少人工和农药费用200元左右；四是科学种草使葡萄园小气候得到有效控制，生态效益明显。

仰徐村葡萄园（局部）（村委会提供）

（三）种植园主要种植品种

草莓主要种植品种有3个：丰香、法兰地、红颜（又名红颊、奶油草莓）。

1. 丰香

丰香为塑料大棚促成栽培的优良品种，果实可在11月中下旬采收上市，产量可达3500斤/亩，果肉多汁，酸甜适口，芳香宜人，营养丰富，故有“水果皇后”之美誉。但丰香品种抗白粉病能力很弱，在栽培管理时要特别注意防治。

2. 法兰地

法兰地耐贮运，产量高，通常以果面红色达70%～85%采收最适宜，产量可达4000斤/亩，果肉质地致密，风味甜酸。该品种抗白粉病能力强，但易感黑霉病。

3. 红颜

红颜是草莓最新品种，长势强，易于栽培管理，连续结果能力强，亩产可达3000斤以上。果面红色、有光泽，果形、果色、口味优于丰香，具有典型的草莓香味。

葡萄主要种植品种：夏黑、美人指、贵公子、白罗莎、阳光玫瑰、红乳。

1. 夏黑

生长能力强，产量可达2500斤/亩。果肉硬脆，无肉囊，果汁紫红色，味浓甜，有浓郁的草莓味，无种子，无小青粒，鲜食品质上等。

2. 美人指

丰产期产量可达3000斤/亩，果粒细长形，先端紫红色，光亮，基部稍淡，恰如染红指甲油的美女手指，外观漂亮，果肉脆，无香味，味甜爽口。

3. 贵公子

该品种果穗果粒均大，果穗大小整齐美观，糖度高而不腻，爽甜可口，果穗长，耐贮存、耐运输，常温可保存一周风味品质不变。在日本起初生产的鲜果主要供皇室享用，故叫“贵公子”。

4. 白罗莎

该品种果穗牢韧、不落粒，耐运输、长势强。果肉含糖量很高，含酸量很低，口感鲜美脆甜，风味醇正，品质极上。

5. 阳光玫瑰

该品种耐贮运，无脱粒现象。果实外观非常漂亮，青黄色，果粒发亮，在阳光照耀下更是翠黄耀眼，口味极佳，有浓郁的玫瑰香味，故名“阳光玫瑰”。

6. 红乳

该品种穗子紧密，粒子细长且果顶极尖（完全不同于美人指等长柱形果，果顶为平形）。肉质硬脆，极甜，清香爽口，风味极佳，品尝之后，指间即感黏黏的。

（四）农业科技示范展示区——“五千工程”

2007年6月，江苏省农科院下属的沿海农科所整合科技、人才和信息等资源，在盐都区仰徐村建立现代高效农业科技示范园区，发展现代高效农业，全力打造现代农业“五千工程”。此后仅用3年多时间，就引导仰徐村完成了由传统农业向现代农业的过渡，成为盐城市现代农业、城乡统筹、乡村游和新农村建设的典范和地方名片。

仰徐现代高效农业科技示范园区坚持以本地农民致富为中心任务，坚持“民建、民有、民营、民富”的原则，做到保留土地承包权、流转土地经营权、保障土地收益权、保证用工优先权。园区规划面积12000亩，其中核心区5000亩，目前现代农业的基础框架已经形成，精心打造的“五千工程”（千亩设施草莓园、千亩设施葡萄园、千亩景观园林、千亩设施蔬菜园、千亩良田示范园）现已初具规模，农民主要从土地经营权转让、就地在农业园区打工、发展设施农业、提供种苗服务中增收。园区于2008年被批准为盐城市现代高效农业示范园区，2010年被确定为盐城市现代农业科技园。2011年通过市级现代农业园区认定，成为“绿色生态新潘黄”的亮丽名片。多年来，仰徐村坚持以工业化的理念发展现代高效农业，以全民创业为抓手，创新扶持方式，融入乡村旅游，挖掘农产品的休闲功能，形成设施草莓、精品葡萄、景观园林、绿色蔬菜、优质稻米五大特色产业，探索保留承包权、流转经营权、保障收益权、优先用工权的发展新形式，兼顾各方利益关系，促进持续、健康发展，助推新农村建设。

1. 千亩设施草莓园

千亩设施草莓园由示范种植户带动、街道办事处扶持来引导兴建，建设资金主要通过五户联保、设施抵押、村组干部担保等形式从黄海农商银行贷

仰徐村草莓大棚内景（村委会提供）

款。面积从2007年的不足120亩零散种植到目前的1500亩的规模设施栽培，种植户均为本地村民，是盐城市区连片种植规模最大、管理化水平最好、品种最多的草莓园。园区全面采用日光温室小高垄栽培、膜下滴灌、生物菌肥、脱毒种苗繁育、蜜蜂授粉、硫磺熏蒸等多项草莓生产新技术，为市场提供了绿色食品。草莓果品通过了中国绿色食品发展中心绿色食品A级产品检测检验，授权使用“绿色食品”标识。“采红”牌草莓荣获盐城市知名商标，被授予“中国草莓产业基地”称号。为提升草莓种植产业化水平、抗御和降低市场风险、增加种植户收入，园区及时引导和支持草莓种植户成立了盐城市兴民草莓专业合作社、盐城市新艳果蔬专业合作社等多个草莓专业合作社。由于强化了产销服务和技术指导，入社社员由成立时的10户增加到现有的106户，并注册了“采红”牌商标。此外，园区建立了销售经纪人队伍，聘请了专业技术服务人员，设计了产品包装和流转周转箱，建立了“草莓专业合作社+经纪人+土地合作社”三位一体的市场营销机制，并积极尝试草莓、丝瓜、日本黄皮洋葱、番茄、豌豆、西瓜等立体套作、水旱轮作种植模式。

2. 千亩设施葡萄园

千亩设施葡萄园由盐城市农科院、仰徐村参股企业荣泰集团、农民土地股份三方投资组建的盐城市仰徐现代农业科技有限公司兴建。园区东至马中河，西至生态路，南至前进河，北至仰徐前港河。由于使用了促成栽培、延迟栽培、避雨栽培、保健栽培新技术，园区鲜果采摘期可从6月下旬到翌年元旦，长达180天左右，是全市农业转型升级的重要典型。目前已启动钢架避雨设施栽培建设面积450亩，主要品种有夏黑、美人指、新美人指、阳光玫瑰、玉指、红罗莎里奥、白罗莎里奥、贵公子、贵公主等。在筛选种植优质、高产品种的同时，按照市场需求调整不同熟期、不同色泽、不同品质品种的栽种面积，成熟果品色香味俱佳，有红、黄、青、紫、粉、黑等多种果色。产品荣获盐城市“十大绿色生态食品”“盐城市十佳旅游商品”称号；葡萄基地被认定为集休闲、观光旅游与社会实践于一体的高效农业示范园区和“全国鲜食葡萄生产示范区”。此外，园区积极探索葡萄棚下万羽生态草鸡（鹅）立体种养模式和1～2年葡萄套种羊角椒立体种植模式，着力提升园区综合经济效益和社会生态效益，葡萄架下饲养家鹅，家禽取食杂草，粪便肥田，形成了一套较为科学而合理的立体种养食物产业链。

3. 千亩园林景观

千亩园林景观由潘黄街道农业中心和秀成农业生态园等社会资本共同投资兴建，集苗圃、旅游、观光、垂钓、餐饮、娱乐、休闲于一体，四季有花，常年有果。目前主要有投资2000万元的农家游乐园、350亩园林苗圃、110亩农业风情园、50亩红叶意杨。投资4000万元的洪圣风情园占地410亩，一期工程110亩已初具雏形。投资5000万元，占地250亩的秀成农业生态园基

仰徐村南部远眺（村委会提供）

础设施正在紧张建设之中，生态大酒店已完成规划设计。园区建成后将大力提升仰徐新农村建设形象，成为盐城市乡村一日游的亮点。

4. 千亩设施蔬菜园

千亩设施蔬菜园由潘黄街道农业中心和盐城市婧婧果蔬家庭农场等社会资本共同投资兴建，位于仰徐现代农业示范园南园区，是仰徐现代农业

千亩设施蔬菜园（村委会提供）

蔬菜园里的塑料大棚（村委会提供）

精品园的核心区。该园规划面积1000亩，一期投资520万元，围绕“规划布局园林化、生产经营责任化、设施栽培高端化、市场供应差异化、建设投入股份化、农技服务示范化”“六化”目标，规划建设高档冬暖式日光温室大棚，实施反季节果蔬生产；规划建设生态木屋餐厅，集聚人气、拉动果蔬采摘销售；规划新拓苗木生产基地，服务仰徐新农村绿化建设；规划新增花木盆景、鲜切花栽培，服务市民室内美化所需；规划新建大棚草莓、大棚礼品西瓜栽培，提高服务水平和服务技能；规划种植日本黄皮洋葱、露地蔬菜，提高自身造血功能；规划新建连体钢架大棚，发展优质避雨葡萄生产；规划新建生态养殖基地，解决果蔬生产所需有机肥不足及秸秆过腹还田和河塘清洁绿色植物垃圾问题；规划高档葡萄品种展示种植区和水蜜桃生产采摘体验区，进一步延长园区水果供应周期和档次；规划建设2600平方米的景观绿色长廊和园内景观绿化，保护园区生态环境；规划在大棚间栽植时令果品，实施品种展示和适应性示范，提高单位面积立体种植效益。此外，该园成立盐城市新艳果蔬专业合作社，吸纳盐城市兴民草莓专业合作社、盐城市沿海诚惠园林工程有限公司和农业中心在职技术人员参加的集体和个人社会资本共同投资，以合作化推动产业化，起到了示范引领作用。在农业中心带头示范下，近年来引种了礼品甜瓜、哈密瓜、彩色西瓜、火龙果、盆栽蔬菜等名优农产品，开创了盐城高效农业多个之最。

5. 千亩良田示范园

千亩良田示范园位于景观长廊南侧，东至冈沟河，西至229省道，南至四支河，北至荣泰西路，总投资2000万元，总占地3000亩，其中核心区1000亩。核心区围绕“生态、有机、高效、观光”的目标定位，实施统一机耕、统一供秧摘插、统一植保专业化防治、统一肥水管理、统一收获、统一包装标识。种植的水稻加工后，全部用“采红”牌商标对外销售。其中第一期400亩，与盐城市农委粮油站协作，示范基地充分展示了盐城市粮食生产中的“新品种、新技术、新模式”，是盐城唯一的粮食生产“三新”技术展示基地。试种的五彩稻，种出了村民的幸福生活，见证了创新实践的喜悦，更为硕果累累的秋收增添了五彩魅力。目前道路、桥梁、防渗渠等配套基础设施已完成建设，以农业中心、植保专业合作社和农机专业合作社为主体，开展“六有六统一”优质服务，努力使建成后的千亩良田示范区成为生态、观光、有机、高效的优质粮生产基地。

2011年12月1日，时任江苏省委书记罗志军来到仰徐村农业科技示范园区视察调研，徐文华研究员详细汇报了项目实施情况，罗书记充分肯定了江苏沿海地区农业科学研究所的科技服务工作所取得的成效，对该所在仰徐村示范的“上果（葡萄）—中禽—下草—粪还田”立体种养模式及水旱轮作模式，实现“千斤粮、万斤果、万元钱”的目标，并且已经辐射带动盐都全区的做法十分赞赏。罗书记说，发展现代农业的关键

仰徐村春耕水稻田（村委会提供）

在于科技运用，要将科技与农业结合，引进栽种高产苗、组培苗等新品种，探索农业科技推广新模式，同时要致力于提升农产品的品质，确保群众食品安全。他指出，要从一个个具体项目抓起，认真总结、推广各地在统筹城乡发展方面创造的成功做法和经验，推动全省城乡发展一体化取得更大突破。除罗志军书记外，还有多位领导先后来到仰徐园区考察指导，对农业科技园区建设规模、运行模式和种植模式等，都给予了充分肯定和较高的评价。

七、现实意义

（一）切合当地农村和农业发展存在的问题

近年来，随着75%以上农村劳动力的转移，在老弱病残留守人员的管理下，仰徐村的农业生产长期以来始终处于较低的水平，远未发挥经济基础好、距市中心近、水陆交通发达、人力资源丰富等经济优势及近郊的地理优势和人才优势，迫切需要提高农业科技含量、引进优良的作物品种和先进的技术进行规模化种植，发展现代农业。依据当地土地集中、土质为红沙土（属于肥力较高的壤性水稻土）、土壤pH值中性偏碱、地面真高2.2米左右、年降雨量900～1100毫米等自然气候条件，在仰徐村引进优质欧亚种葡萄新品种，通过发展设施避雨栽培技术，解决降雨量超过葡萄适宜降雨量600毫米的矛盾，建立高效农业示范点，将园区建成一个集休闲观光游览、青少年社会实践、名特优葡萄种植与养殖于一体的现代生态旅游观光农业基地，实现人才、技术和资源的最优化配置，完全切合当前都市农业发展的要求。

（二）贴合农产品的标准化生产和农业生态建设的愿景

现代高效农业的重要内容，就是品牌农业、标准农业、加工农业、有机农业、生态旅游农业、都市观光农业和外向型农业，这其中的每一点，都与生态环境休戚相关。在仰徐村发展葡萄设施规模化种植，园区内必须实行合理的设施布局和标准化与无公害栽培，大量使用有机肥、生物肥，控制使用化肥；采用生物农药、物理技术进行病虫综防，禁用剧毒农药、高残留农药；利用脱毒专用砧木育苗，达到绿色环保的标准化农业生产要求。盐城市盐都区还设想近年内在仰徐村，将设施葡萄与其他果蔬品种的搭配种植及立体养殖相结合，辅以配套的娱乐休闲场所，形成集品牌、都市观光与生态旅游于一体的现代农业特色园区。同时，在葡萄棚架下进行鹅等禽类的养殖，其代谢物及副产品又可以作为葡萄肥料。因而，本项目必然会促进园区内农

仰徐村生态农业有机肥田间管理（村委会提供）

业生态系统的良性循环，有助于各类产业的协调发展，并且促进园区内农业生态建设水平的进一步提高。

（三）适应发展现代农业和高效农业的趋势

当前，国内农业生产正进入一个由传统农业向现代农业转型的关键时期，这对我们的农业科研工作和科技服务工作提出了新的要求。现代农业是新农村建设的重要内容，高效农业规模化是现代农业的重要抓手，山东寿光、青岛，江苏苏南等地的现代园艺业、规模养殖业和农产品加工业已经成为高效农业的明星。发展高效设施规模化种植、形成“一村一品”、保障无公害优质农产品的供给和实现资源的可持续利用是21世纪人类面临的最重要的挑战。因此，在仰徐村引种欧亚种优质葡萄新品种进行设施规模化种植，搞好现代农业示范村建设，并且探索若干实用性强的无公害标准化栽培关键技术，符合当前我国社会主义新农村建设的科技发展趋势。

03

产业与集体经济

只有走集体经济道路，发挥集体的力量，才能在农村集中力量办大事，才能实现共同富裕。我们看到，在不少地方，农民自觉自愿成立的新兴专业经济合作组织已经不断涌现。这些专业经济合作组织改变了过去村民一家一户的散乱局面，在生产销售、信息发布、农村弱势群体扶助等方面，已经发挥了很好的作用。

一、经济发展前的仰徐

过去，仰徐村一直以传统种植业为主体，根本谈不上工业和企业，只有少量的个体经营户，从事木、瓦、铁、扎、石，简称“五匠手艺”，以及缝纫、家庭编织、油坊、豆腐作坊、磨粉等家庭副业。

中华人民共和国成立前，村内地势平坦，水域广阔，气候湿润，但是由于长期受封建土地所有制的束缚和战乱影响，本村一直是处于自给和半自给的单一的农业经济，农业生产落后。民国初期，仰徐村大部分为老沤田、荒废地，还经常遭洪涝袭击和病虫害以及各种自然灾害的影响。农作物产量低且不稳，一般亩产二三百斤，农村经济萧条，民不聊生。每年秋季有大批百姓携儿带女摇着小木船前往上海、无锡、苏州、湖州、嘉兴、嘉善等地，靠扦砻、扛山柴度日，麦熟乃返，其家无恒产者，辄留而不归。

20世纪70年代初，村内两个生产队合伙办起了外加工的小型砂轮厂，在马中河东建筑土窑一座，烧制青砖、瓦，供应当地村民建筑民房，1964年大队和相邻的东陈、祁家大队联合筑起一座规模稍大的土窑，烧制青砖、瓦，手工作业自做砖瓦坯，虽然规模不大但也取得了一定的经济效益。1976年，上级政府为大力发展地方经济，提倡各村组都要办起工、副业项目。时任大队党支部书记徐继昌同志，组织和带领大队领导班子和人民群众，统一思想认识，要改变落后面貌，必须要把经济搞上去。经济要发展，兴办工业是关键，绝对不能因循守旧，必须开阔眼界，拓宽思路，在村集体经济薄弱的情况下迎难而上。在广大干部群众的积极支持下，在原第三生产队马中河西岸，新建厂房12间，占地面积600平方米，新建起农机修配厂、粮食加工车间、轧花车间、农机配件车间、自动化制坯场、配电间，新增100kV变压器台，C6136、C620车床，4台小型车床，购置20吨级、60吨级冲床各一台，钻床电焊机配套加工机械、6台轧花机等设施。大队聘用老党员干部徐兆华同志全权负责抓企业，并聘用外地高级技术人才，培训一批本地有文化知识的青年作为技术骨干，从事各种机械产品、加工农机具的维修工作。

二、“村级企业”引导的经济腾飞

作为曾经的“穷三徐”之一，仰徐村的经济发展从过去到现在发生了翻天覆地的变化。凭借着改革开放的春风，仰徐人民实现了收入的连续增长，人均年收入从2006年的8016元增长到2011年的16038元，仅5年时间，便实现了翻倍增长。截至2017年，该村人均年收入达24640元，比同期江苏省人均年收入高出34.9%，约为江苏省农村居民人均年收入的2倍。

农民收入的快速增长，得益于仰徐村产业的及早布局和发展，使全村人民共同分享了改革开放的红利。20世纪70年代，仰徐村生产队便开办小型砂轮的加工，并且筑起土窑，烧制青砖青瓦，用于村中民房的自建。80年代重建工业厂房8间，增加60吨车床冲床1台、钻床轧花机6台，以及农机配件车间、粮食加工车间等工业设施。十一届三中全会后，仰徐村还利用村大队自有的水泥船，成立盐城市马沟疏浚打捞公司，对外开展打捞疏浚业务，凭借口碑和实力，逐渐发展至大小船只15艘，千吨位货驳一艘，以及吊机、排水机械等设备数台。1986年，正式成立了荣泰集团。随着荣泰集团的发展，这个在仰徐村成长起来的企业为村民们带来了更多的就业岗位和发展机会，也为仰徐村的环境建设、招商引资发挥了巨大作用。

仰徐村目前拥有荣泰集团、盐城市永欣发展有限公司纺织服装分公司、盐城市中棉家用纺织品有限公司、上海行者视界影视文化传播有限公司等支柱实业。村属企业荣泰集团涉足疏浚打捞、商贸流通等行业，资产达4亿元，年产值5.2亿元，转移劳动力600多人。荣泰集团下辖盐城市混凝土公司、盐城市疏浚打捞工程有限公司、盐城市基础工程有限责任公司、盐城市天虹集团上海分公司。

在培大育强村属企业荣泰集团的同时，仰徐村还大力发展高新产业，突出产业特色。2012年集体筹资5000万元，新建了以机电组装为主的标准厂房和配套的园区服务中心，为项目洽谈和工业园区综合管理提供优质平台。园区规划2000亩，建成厂房5.5万平方米，引进亿元项目18个，江南环境制造、荣南机械、健能童车等一批企业相继入驻仰徐工业园区。2012年，园区实现

荣泰集团施工现场图（村委会提供）

了工业税收超亿元，目前已经吸引了几十家知名企业入驻。

在做好工业配套的基础上，通过强有力的招商引资工作，使得仰徐村的产值规模实现了飞跃式的发展。2006年该村的产值仅为1.7亿元，到2010年、2011年、2012年分别增长至5.8亿元、7.5亿元、9.15亿元。2010年至2012年的年均增长率达到了25.6%，村集体收入也达到了460万元。截至2017年，该村实现了收入产值11.25亿元，村集体收入506万元。

截至2015年年底，村级资产总额32371万元，其中集体债权17655万元，固定资产11092万元，负债总额5198万元（其中实质性债务为585万元），净资产27173万元。村级集体收入2356万元，其中财政补助收入77万元，集体经营性收入2197万元。目前呈现出“一高两低”的良性态势，即村居级集体资金数额较高，经营性资产比重较低，债务较低。

除支柱性的工业产业外，仰徐村还培育了高效设施农业和旅游业，如以草莓、葡萄种植为代表的高效设施农业。仰徐村坚持走农业初产品深加工的发展道路，提高农产品附加值，引导农民成立了5家农民专业合作社，逐步形成“合作社+农户+基地”的生产模式。仅2016年，高效设施农业收入占仰徐村收入比重就达38%，高效设施农业一项即可增加农民人均纯收入超千元。

通过培育高效设施农业，仰徐村依靠草莓园、葡萄园农业园区等启动了乡村旅游产业。自发展乡村旅游业以来，共接待游客1.4万人次，旅游业总收入达600万元；新增就业岗位113个，直接就业人数达58人，间接就业人数429人；带动草莓、葡萄等农产品销售，销售金额达413.7万元，农民人均增收1500元，有力地带动了当地经营农业和旅游业的村民致富。以高效设施农业和乡村旅游两大产业相结合的高效农业园区通过了省级验收，建成了“三

葡萄长廊（村委会提供）

葡萄长廊里的大丰收（村委会提供）

新技术展示区”。乡村旅游业形成了集观光、旅游、休闲、度假于一体的特色旅游项目，成为新经济形势下仰徐村绿色经济的增长点。

三、劳动力就业与收入

从1996年开始，仰徐村便开始推进中心村的居住模式，兴建集体别墅，以节省村中的土地。在改变一户一宅基地的居住习惯后，随着经济的发展，越来越多的村民开始从世代务农的劳作方式，转变为在当地就业或外出打工的方式。在与当地村民的访谈中，他们提到了一个颇为诙谐幽默的说法，即“在仰徐只有老人、傻子、疯子才会去务农”。但另一方面，从人力资源服务站的普查数据来看，仰徐村劳动力的学历整体偏低，小学学历占14.9%，初中学历占65.1%，高中学历仅占18.5%，专科学历为1%，大学学历不足1%（只有2人），同时缺乏相应技能的训练，因此在流转土地之后，低学历的村民就业成为仰徐村工作的重中之重。

对村民就业有重要影响的首先是村属企业，荣泰集团、盐城市中棉家用纺织品有限公司等一批支柱企业，以及农机配件厂、服装厂等一批中小企业，先后吸纳了本地近300名劳动力转移就业。在此基础上，村庄积极支持村民发展高效种养业和投资创业，参与三产服务业，努力提高村民的经营性收入。2006年年末，该村70%以上的劳动力实现了就业，实现了农民人均纯收入8016元，其中工资性收入和经营性收入达到了农民人均纯收入的80%。

（一）外出务工

在对村民就业去向的访谈中，青年劳动力的首选是外出务工，苏南、上海为主要的劳动力流入方向，主要因为收入高，离家不算太远，其中又以荣泰集团为主要选择。最早一批加入荣泰集团的村民，目前有不少晋升至管理岗位，或者外出创业，创立了自己的企业，由当初的荣泰集团“一枝独秀”，发展形成了“遍地开花”的村民企业格局。除了村民自办的企业，仰徐产业园的招商引资，也为村民提供了大量就业机会。大多数需要照料子女或老人的妇女选择就近上班，前往产业园打工，多以纺织、机电产业为主。在问及收入水平时，就近上班的村民认为尽管收入没有外边高，但是离家近也很知足。而且工资受工作时间的影响，有的高的也能拿到五六千块钱，为脱离农业之后的收入提供了保证。

留在仰徐村中的劳动力基本流向了高效设施农业和服务业。从事服务业的村民主要为村庄的日常运转提供基本保证，涉及衣食住行等方面，主要分为两部分，一部分是自营的理发店、饭店、超市等，另一部分是村委购买的公共服务，如清洁路面卫生等。自营的个体工商户在当地属于较高收入人群，在对超市老板的访谈中，其表示超市一年的净利润能达到八九万元。但这些从业人员一般要求具有一定的经验或者技能，在村民群体中属于少数者。

（二）自主创业

近年来，仰徐村通过一、二、三产业的协调发展，加快了全民创业、强村富民的步伐。村委为支持村民创业采取了一系列措施：一是加大资金扶持。仰徐村采取五户联保、设施抵押、村组干部担保等形式从商业银行贷款来筹措高效农业发展启动资金。党员盛国新、李万选等人通过这一措施，种植了30个草莓大棚，创造了亩产15000元收入的奇迹。目前草莓种植户已

仰徐村农业示范园草莓大棚（村委会提供）

达100多户，面积近1500亩，带动300多人在园区打工。二是强化基础投入。仰徐村先后投入2000多万元建起了草莓园两纵三横道路和葡萄园“T”形道路，并对园区进行了大量的绿化栽植，向上争取专项资金，建成了滴水灌溉系统。三是加快机制创新。通过保留承包权、流转经营权、优先用工权、保障收益权，引用新技术、新品种、新模式，发展“三新小农场”，建立“民建、民有、民营、民富”机制，为村民的创业和权益提供了保证。在这些措施的激励下，仰徐村村民纷纷投入高效设施农业和旅游业的经营中，在改革开放的大潮中分享改革红利，提高自身的收入水平和幸福水平。

草莓（村委会提供）

（三）收入变化

回顾仰徐村的发展历史，仰徐村村民的收入可以归纳为3个时期：原地踏步期、回落期和腾飞期。原地踏步期：中华人民共和国成立初到1957年，农民收入主要靠家庭经营和集体分配。由于当时生产力水平不高，农民收入始终保持在较低水平，大部分农户的温饱都难以保障。回落期：1958年到1978年，受人民公社“按劳取酬”分配制度的制约，生产力水平低下。每个男劳力一天在地里干活不少于9个小时，记10工分，一般生产队每10工分的价值是0.2～0.3元，最好的生产队也只不过0.6～0.7元。当时大米的市场价为每斤0.21元，猪肉每斤0.73元。每个年高的男劳力一年能得3800工分，好的生产队一年能挣200多元人民币，以及400～600斤的口粮。腾飞期：1978年到2012年，全村农民收入发生了翻天覆地的变化。30多年来，全村仅农业一项，人均年收入就在3307元左右（毛收入），第二产业人均年收入3527元，第三产业人均年收入3359元。到2017年，全村农业人口人均年收入为24640元，当然这只是平均值，但实际并不是绝对平均的，1%的特困户人均年收入不足3000元，而10%的冒尖户人均年收入超10万元。

总体而言，在土地流转、集中居住后，仰徐村的劳动力主要流向了3个方向：个体经营、当地务工、外出务工。外出务工仍然是主要的选择，和其他地方不同的是，仰徐村企业提供的就业岗位无形中加强了村民之间的联

江苏省农业科技自主创新资金支持项目（村委会提供）

▌棚内管理场景（村委会提供）

系，招商引资的产业园也为留守的村民提供了一份就业保障，使得仰徐村快步向“乡村都市”的方向前进发展。

四、村集体经济发展

20世纪80年代，经过一系列的经济改革和对外开放，大搞招商引资，干部和群众的面貌焕然一新，农村劳动力在保证种植业生产的前提下开始转移到工业、商业、运输业、养殖业、建筑业和各类服务性行业，农民不再是千百年形成的专门从事种田的农民，而是亦经营各业的新型农民。特别是1996年以后，广大干部群众在上级政府和村委会的领导下，实行三业并举，超常发展创大业的经济发展思路，强化农业、重攻工业、突破三产的发展战略，抢抓机遇，大胆开拓，创办工业园区，招商引资，筑巢引凤，使全村经济得到快速发展，三业结构发生了显著变化。经济的腾飞，使农民收入也发生了翻天覆地的变化。

多年来，仰徐村充分利用新农村建设契机，先后实施多轮“百日会战”，目前已形成现代高效农业、新型工业产业、近郊生态旅游业三大特色支柱产业。就第二产业来说，村内的工业之所以能发展到今天的规模，不得不提村属企业荣泰集团。在荣泰集团的带领下，仰徐村逐渐重视起工业发展，“经济要发展，兴办工业是关键”，从此转变发展方式为“以工兴农”，村内为扶持工业，高标准建设机电产业园，园区规划面积2000亩，起步建成区530亩，目前已有18家企业入驻。回溯过往，仰徐村能取得这般可喜的成果，全靠各方的支持和努力。

仰徐村的工业发展在工业园区的助力下，发展得越来越好，村里整体的经济情况大幅提高，经济结构进一步优化。而这一切除了村集体对于发展方式的认同、村委会村干部的共同努力，更重要的是学习了华西村的发展模式。

（一）仰徐村建设新农村经验——向华西村“取经”

2009年4月6日至13日，在江苏省盐城市盐都区委的安排下，以学习社会主义新农村建设经验为目的，包括仰徐村在内的全区新农村建设示范村的17名党支部书记到江苏省华西村进行了参观考察和学习培训。其间，实地参观了华西村高度发达的工业园区，集设施农业、高效农业、生态农业、观光农业于一体的农业园艺中心，设计精心、配套齐全、洋气十足的农民别墅，广纳世界各国微缩建筑的世界公园，外观别致、高高耸立的塔群；在可容纳千余人的民族宫先后听取了华西村党委书记吴协恩题为“坚持华西特色，建设新型农村”的讲话和老书记吴仁宝关于华西村的介绍和对社会主义新农村的见解；与华西村的党员、干部、群众密切接触，进行了深入交流和讨论。耳闻目睹的情景，使大家充分领略到华西村政治、经济、社会发展的理念之新、气魄之大、速度之快、活力之足，全体考察学习的同志倍感精神振奋、眼界大开。很多村书记感慨万千，总的感觉是所看很感动，所听很激动，所访大触动，纷纷表示要虚心学习华西村经验，虚心学习吴仁宝，千方百计发展村级经济，带领群众更快更好地富起来。华西村党组织坚强有力的领导，华西村的特色发展道路，华西人的艰苦创业精神，为仰徐村建设社会主义新农村提供了很好的启示和借鉴作用。

根据这次参观考察情况，仰徐村领导班子总结了华西村政治、经济、社会发展经验，并从中得到了一些启示，主要有以下几个方面：

一是新农村建设必须有一个好的领路人。如果说华西村能取得今天这样的成就完全是吴仁宝一个人的功劳，可能连吴仁宝自己都不认可，但是，吴仁宝在其中发挥的核心作用，却是无人能够取代的。正是由于有吴仁宝这样的好带头人，华西村才先后实现了“电话村”“彩电村”“空调村”“汽车村”“别墅村”。因此，新农村建设必须要有一个无私奉献、信念坚定、能领着乡亲们艰苦创业的好带头人。

二是新农村建设必须大力发展经济不动摇。吴仁宝曾说：“我是穷过来的，看到有人穷我就心疼，最大的心愿就是让穷人过好日子，这是我的原动力。”他还说：“是共产党的干部就要让人民过好日子！如果我们这些干部不能让人民过好日子，算什么共产党员？”几十年来，在“人民幸福就是社会主义”的思想指引下，华西村兴办了一个又一个企业，并逐渐成为企业集团。目前江苏华西集团拥有60家企业，八大上市公司，雄居全国2000万个乡镇企业之首，2005年实现销售收入307.8亿元。因为有这样的经济实力，华西的村民才能过上幸福的日子。

三是新农村建设必须壮大集体经济。走共同富裕的道路，让所有的群众都过上好日子，是共产党人的一个理想和奋斗目标。怎样才能实现这样的理想呢？过去，我们实行的人民公社制度，虽然在消除两极分化、解决社会公平问题等方面发挥过作用，但在实践中也遇到了不少问题，尤其是经济薄弱使农村的公益事业发展缓慢；农村的社会动员能力、应急反应能力差；社会救济、社会扶持基本依靠村民个人的少量募捐和政府的财政性拨款，很难大面积解决群众遇到的困难。华西村的实践证明，只有走集体经济道路，发挥集体的力量，才能在农村集中力量办大事，才能实现共同富裕。我们看到，在不少地方，农民自觉自愿成立的新兴专业经济合作组织已经不断涌现。这些专业经济合作组织改变了过去村民一家一户的散乱局面，在生产销售、信息发布、农村弱势群体扶助等方面，已经发挥了很好的作用。这样的组织只要引导得好，完全可以在新农村建设中发挥更大的作用。

（二）结合自身特色，开展“双学”活动

根据省委指示，在总结华西村发展经验后，仰徐村积极开展了“乡村学华西，农村干部学吴仁宝”的“双学”活动。近年来，“双学”活动已逐步转化为盐城市广大干部群众建设社会主义新农村的巨大动力，盐城市的广大农民因此在建设社会主义新农村、全面建设小康道路的过程中得到了更多实惠。仰徐村是“全国文明村”，该村注重结合自身实际，积极创新实践主体，扎实推进“双学”活动，在全市新农村建设中发挥了很好的典型带动作用。

一是紧扣“双学”主题，以学习为抓手，着力强基固本。建设社会主义新农村，关键要有好的基层组织。仰徐村在组织部分党员、干部去华西村参观学习后，还聘请了专家到村进行“双学”主题培训。仰徐村通过学习华西村“南有钱庄（工业经济区）、中有天堂（村民生活居住区）、北有粮仓（农林科技示范园区）”的规划布局，科学制订了“一中心、二园、三区”的新农村建设总体规划，通过开展“双学”活动，把全民创业、全面小康的发展思路具体化、制度化、科学化，为新农村建设健康发展、持续发展、科学发展提供了保证。

二是突出“双学”重点，以产业为支撑，推进科学发展。“发展最科学，不发展最不科学”。村党委在新农村建设过程中，始终坚持不渝地以科学发展观为统领，走可持续发展道路，成果丰硕。2009年以来，仰徐村坚持以产业为支撑，投入了大量资金完成了村基础设施框架、工业园和高效农业园的建设，全民创业园3层标准厂房和园区服务中心建成使用，新招引的工业项目也已经上马，部分企业可望投产达效；打造了高效农业“三千工程”，即千亩设施草莓园、千亩景观园林和千亩设施葡萄园，现如今已经发展为“五千工程”，即千亩设施草莓园、千亩设施葡萄园、千亩设施蔬菜园、千亩景观园林、千亩良田示范园；成立了新民土地股份合作社，形成了新的土地经营机制；成立了兴民草莓营销专业合作社，引进和培养了一批有经验、懂市场、能走南闯北的农民经纪人、草根经纪人，切实解决了农产品的销路问题。通过开展“双学”活动，村级经济积累不断增加，农民收入不断提高。

仰徐村村领导表示：“‘双学’活动的开展，使华西经验在我们仰徐村得到了推广，华西精神在我们仰徐村得到了传承。我们将继续以‘双学’为契机，以‘学习华西村、建设新农村、全面达小康’为目标，以吴老书记的亲临指导为动力，进一步解放思想，大胆实践，勇于创新，扎实推进仰徐社会主义新农村建设。”

五、仰徐工业先驱——荣泰集团

荣泰集团作为仰徐村工业发展的龙头企业，其发展历程，在村内无人不知无人不晓，成了一个传奇，被人们津津乐道。这是一个“一个小船开出去，一条大船驶回来”的故事。那个年代，船还都是水泥船。中国自1958年起建造了大量钢筋混凝土船和钢丝网水泥船，广泛用作趸船、内河及沿海

荣泰集团项目施工场景（村委会提供）

中小型机动货船和内河驳船、农用船及渔船等。中国水泥船保有量达数百万吨，居世界各国之首。据徐继昌老先生说，村里面生产队有一条水泥船，大概是20世纪七八十年代有的。“一开始这条船是生产队拿来去大丰装海里的羊草——能腐烂的那些草，拉来发酵以后做肥料用，我当时也拉过这个草，后来生产队就用这个船干别的，比如到武汉、苏南等地做码头疏浚、河道疏浚、安装机建等，然后从码头、河道开始起步的。”徐继昌老先生说道。

（一）一条小船驶出去

那这条船到底从何而来？说是村里生产队的。可是在那个年代可以拿来做打捞疏浚的水泥船必然是吨位不轻的，造价自然也不会低。原来，这条船与徐荣春同志有着密不可分的关系。徐荣春同志那些年作为村里的支书，看着村里的村民全都被绑在土地上，整年辛苦劳碌，日子却还是紧紧巴巴的，面对这样残酷的现实，肩负着支书的重担，这位曾在军营摸爬滚打的硬汉子再也坐不住了，他发誓一定要改变仰徐村贫穷落后的面貌。要想富，兴办工业是出路，可是农民办工业又谈何容易。一次，他无意间得到一个信息，说有人在长江搞打捞赚了不少钱。他心动了，可当时村里没有钱买打捞用的水泥船，这可难倒了这个铁汉。要想办工业，第一步确实相当艰难，要想改善村里的经济情况和经济结构，必须得有所牺牲付出。回到家，他辗转反侧，怎么也睡不着觉，打起了自家多年积累起来的建房材料的主意。细心的妻子问他有什么心思时，他披衣起床，将他的想法和初步方案全盘托出：卖掉家里准备砌房的建筑材料作为启动资金，带几名村组干部到长江去搞打捞。妻子知道，丈夫定下来的事，谁也阻挡不住，只得含泪答应他的主意。经过一番努力，1986年3月，一条18吨位的疏浚挖泥船从仰徐村出发驶向长江，开始了徐荣春的创业征程。这便是后来的荣泰集团发展起来的基石，所以总的来说荣泰的起步还是基于村里的集体经济，这才有了后面的故事。

创业过程中的艰难不言而喻，但企业却在风风雨雨中逐步壮大起来了。“从疏浚以后，得到了三航的大力支持，因为我们在三航有一点点的关系。以后就从疏浚发展到打捞，又从打捞发展到建造业。”徐继昌老先生说道。在当时仰徐村有一位本村人——周正才，他在交通部上海三航局工作且身居要职，时任生产队大队长的徐荣春同志就千方百计动脑筋想办法，多方寻找致富门路，通过周正才同志的牵线搭桥，在船开始起步慢慢做些疏浚业务以后，得到了三航的大力支持。在徐荣春同志的带领下创办了盐城市马沟疏浚打捞工程公司，开始从事长江、内河船舶打捞、港口疏浚这些业务，使得村里集体经济有了进一步的资本积累。

那时候在长江边搞打捞是怎样的情况呢？我们都知道，自古以来中国人民的文明都依靠着水流展开，而长江，绝对是人民的生命江，它给无数人带去了物产等的同时，却也时常给长江流域的人民带来沉重的伤害。在古代，随着各地区文化交流的开展，经济得到不断发展，船只运输是当时最便捷的方式，然而长江支流何止千万，加上当时河道并没有完全开发以及船只建造技术的落后，沉船遇险这种事故越来越多，大部分都是因为遭遇天气灾害和触滩事故造成的。我国疏浚施工项目管理起步较晚，随着我国经济建设的高度发展和推进，港口、航道、水利设施、吹填造地等疏浚业务市场空前兴旺。疏浚工程作为施工项目中一类特殊的工程，具有造价高、投资大、点多、线长、面广、质量要求高、形成时间长、水下作业环境复杂、不可控因素多等特点。说起打捞，那个年代长江里的沉船很多，那时候人类抵抗自然灾害的能力远不如现在，随着沉船的增多，便会阻碍河道、水道的通航或者排洪能力，因此在那个年代疏浚业务市场空前兴旺。即使现在，疏浚施工业也是我国经济建设和社会发展的重要行业，疏浚工程对国民经济的发展，特别是对水上交通、水利防洪、工业发展和城市建设、海上能源产业等的作用是很重大的，是必不可少的。那样的时代背景下，仰徐村的生产队在徐荣春同志的带领下看准时势，抢抓机遇，超前谋划，带领全村敢闯敢拼，为仰徐村的工业发展打响了第一枪，快速积累了财富。

从疏浚打捞开始，基础工程、建筑工程等公司相继成立，组建成了荣泰集团，常年用工1500多人，办事处设到了上海、南通、江阴等地。企业创业30年来，积累了丰富的施工经验，拥有雄厚的技术力量和先进的施工设备。长期以来，集团与上海建工集团、中交第三航务工程局有限公司、江苏天虹建筑集团有限公司达成了紧密型的合作关系，曾先后在上海、江苏、浙江、海南、广西、安徽等省市共建成50多座大型船坞、码头、桥梁以及一批民用建筑工程。所建项目获得省市级优良工程近30多项。承建的重点项目工程有金山5000化工码头、宝钢码头、江阴大桥北锚沉井工程、上海外交桥船坞工程、沪东船厂船坞工程、海南国防工程、上海苏州河水闸工程、华能玉环电厂、南通中远川崎、南通中远船务、中远启东、中海江苏造船基地、中船长兴造船基地、金山水厂工程、广西北海电厂工程、长江口航道整治工程、仰徐示范小区等。除了在国内做的工程，荣泰集团还漂洋过海，把工程做到了新加坡。由于企业的发展，不断地壮大了集体经济，取得了较好的经济效益，充实了集体经济的实力，为加速经济的升级奠定了基础。在长期的工程施工中，荣泰集团和上海建工集团、中港第三航务工程局结成了长期紧密型合作关系。

由于企业规模较大，首办企业因资金、技术、人才欠缺，凭借资、贷款、租赁和购旧船改装施工，技术人员以招聘和自选人才进行专业培训，持证上岗。公司初办时，业务都是靠千方百计动脑筋，想方设法找关系、通门路才得到的。施工期间，坚持领导分工，责任到人，坚守岗位；技术人员爱岗敬业，一丝不苟；施工操作人员认真作业，从不马虎，他们为工程建设做出了重大的贡献。

（二）数条大船驶回来

荣泰集团在工程施工中始终坚持信誉第一、质量第一、客户至上的原则，因此受到承包方的认可和好评，业务愈做愈多，路子越走越宽，集体经济效益日渐俱增，基础设施不断得到改进和增添。在很短的时间内，基础设施增加到大小船只15艘（其中千吨位货驳一艘），自航打捞船只4艘，吊机4台（其中吊百吨以上的一台），排水机械2台，发电机组12台（其中220瓦4台），拖轮2艘，卷扬机4台，柴油机组2台（其中320瓦马力的一台），泥驳

荣泰集团工程船（村委会提供）

船等各种施工设备俱全。

形势在发展，经济在腾飞。1986年成立了荣泰集团，后与原有打捞企业融为一体，从起步到腾飞，已经走过了30个年头。回溯公司发展的轨迹，雄辩而又生动地证实了一个真谛：与时俱进，锐意进取是开拓者的成功之路。

品牌凝聚了企业的核心竞争力，荣泰集团整合资源，规模扩张，实施的就是精品化品牌战略。多年来，荣泰集团承建的项目无论是国家和省重点工程，还是国防和民生工程，都注重优化科技，精益生产并且逐步向“绿色环保、节能低耗”的领域阔步迈进，铸造了独特的品牌价值，使公司步入了持续发展的黄金时代。荣泰集团在经营期间，各级政府、社会各界和企业朋友鼎力扶持，无私援助，使集团实现“和谐荣泰”的理想，以智慧、汗水和敬业精神，谱写了由钢铁汇成的时代交响，缔造了更为璀璨绚丽的世纪辉煌。从1993年以来工业产值、利税收入逐年增加，其中2012年实现利税2713.5万元，多年来受到各级政府部门的表彰奖励，并获得先进企业的殊荣。

由于公司注重信誉，狠抓服务质量，加强设备装备，集团各公司在工程施工中取得了可喜的成绩，树立了良好的信誉，赢得了社会的信任。2004年6月，投入资金700万元收购了濒临破产的盐城市砖瓦三厂，又投入资金340万元收购了盐城市印刷二厂，积极筹备新上项目，2005年春节后已正式投产，解决了100多个劳动力就业问题。目前，仰徐村已拥有基础工程、疏浚打捞、粉丝厂、养猪场、花木园艺公司、印刷厂、自来水厂等10多家企业。仅2004年，集团公司在外就共接手2.5亿元工程，上缴国家税收500多万元。仰徐村已连续10多年位居全区经济排头村行列。

2003年12月22日，江苏荣泰建设集团有限公司成立，现拥有房屋建筑工程施工总承包二级，内河二级打捞单位，沿海三级打捞单位，航道工程专业

上海外高桥造船有限公司（村委会提供）

承包三级，地基与基础工程三级，装饰装修工程三级，商品、混凝土三级等资质；拥有各类专业管理人员400余人，其中，拥有特、高、中级专业技术职称证书的有200多人，项目经理（注册建造师）30多人，大中型机械设备500多台（套），集团年生产（施工）能力10亿元以上。集团目前主要经营项目有建筑安装施工、打捞疏浚、基础工程、房地产开发、装饰装修、商品混凝土生产、物资设备租赁、广告制作、影视文化传媒、生态农业、人才培训、劳务输出等业务。

（三）仰徐工业成长“器皿”——工业园区

仰徐村委会为促使早日建成新农村这一宏伟目标的实现，着手抓好经济的发展。经济是基础，只有经济搞上去才能致富奔小康，于是村干部、村民代表多次会议研究决定大搞经济翻身仗。而仰徐村东近盐宁高速，北有盐淮高速和西邻盐宁公路，西傍冈沟河，南至村前港河，北到先锋河。境内有连接通达四方道路的荣泰路、兴业路、经二路、生态路，形成二纵三横的道路框架。依托这样独特的水陆交通优势，为了更好地发展工业带动当地经济发展，仰徐村村委会决定规划工业产业园向外招商引资，欢迎企业家到园办工厂。

在工业园的创办期间出现过大大小小的问题和阻碍，但是在大家的共同努力和共同支持下都一一得到解决，特别是在上级党委和政府的大力支持下，给予多方面的有利条件，帮助创办工业园。工业园区由江苏省规划设计院进行设计。规划设计在村东起生态路，西至冈沟河，南由村前港河，北到先锋河，建立起一期工业园区。2009年6月18日，仰徐机电产业园开工建设。第一期工程用地500亩，计划投资15亿元人民币。当年实现了“六通一平”（通路、通电、通信、通水、通桥、通网、土地平整）的规划。建成后，厂房的使用方式为售、租相结合，产业定位为汽车配件、各类精密机械制造、机电一体化、电线电缆、电子产品、节能环保设备、高性能数控机床、先进模具设计制造。园区内分两个片区：机械设计制造工业区和电线电缆工业区。为了加强领导，潘黄街道办事处于2011年10月成立了工业园区管委会，街道办事处抓工业的副书记郭宗标任主任，企业中心主任薛茂堂任副主任，仰徐村副书记张荣武任副主任。管委会办公室设在仰徐机电产业园，为入园企业提供一条龙全方位契约式服务，创造良好的园区环境，并实施园区发展规划建设及管理项目招引和推进工作，依法保障园区企业自主经营、安全生产、消防等工作。在各相关部门和人员的努力下，企业家们纷纷来村考察，感到实惠有利可图，陆续来村投资办工厂。截至2012年年底，入驻园区的自主经营企业有13家，具体如下：

盐城市荣南机械制造有限公司
盐城市天驰汽配有限公司
江苏中热机械设备有限公司
盐城市雷斯达（电器）设备有限公司
盐城市赛隆节能技术有限公司
盐城市健能童车配件制造有限公司
盐城市金龙钢结构有限公司
盐城江南新能源科技有限公司
盐城市虹宇汽车配件有限公司
盐城市正邦环保科技有限公司
江苏金达福高分子材料科技有限公司
盐城江南电力环境工程有限公司
盐城市福斯特无纺布有限公司

其中，纳税100万元以上的企业5家，纳税20万元以上的企业7家。

六、乡村旅游发展

初春3月，莓香四溢，春意盎然。盐城市仰徐村街道上人流如潮，廉政文化广场上彩旗飘飘，喜气洋洋。欢乐的人群在锣鼓喧天的音乐中载歌载舞，双龙贺喜，热闹非凡。仰徐精品草莓园又迎来了莓农喜庆的日子，迎来了游客云集、市民会聚的盛会。[1]

伴随着高效农业的快速发展，仰徐村依托草莓园、葡萄园等设施，开展了“仰徐一日游”“农业采摘”等项目，提出“都市乡野、快乐仰徐”的乡村游品牌建设。这些项目带动了仰徐村乃至盐都区乡村旅游产业的迅速发展，先后引进水果、蔬菜、花卉、果木新品种20多个，将现代设施农业与乡村旅游业的景点塑造相结合，全力打造鲜食果蔬周年挂果采摘链的循环农业新模式。其形成的“上果（葡萄）—中禽—下草—粪还田”的种养循环农业模式，丰富了乡村游景点的内涵，走出了一条适合当地现代旅游业可持续发展的金光大道，成为了省四星级乡村旅游示范点。

“栽了梧桐树，引来金凤凰”。在科技支撑和现代农业的衬托下，仰徐村相继推介出千米景观长廊、新农村建设成果展示馆、葡萄园、草莓园、洪圣风情园、秀成生态园、微动力生活污水处理系统、农民公园等游览景点。“仰徐草莓，味汁甜美”“哆来咪发唆拉西，仰徐草莓真好吃”“看一眼，红红绿绿好颜色”“吃一口，酸酸甜甜好味道”……活动期间，还举行了农事体验、《盐城晚报》小记者草莓采摘大赛、旅游商品展销等系列活动，以吸引游客参与互动，共同享受田园乐趣。[2]长三角旅行社还组团参加活动，吸引了数千名游客前来休闲、体验、采摘、旅游和观光，仰徐村成为盐城地区有名的乡村旅游景点。

---

[1] 王静：《以莓为媒靓仰徐招商选资促发展》，《农家参谋》，2017年第15期，第20页。

[2] 同[1]。

2013年草莓采摘节开幕式（村委会提供）

（一）旅游区域规划

仰徐乡村旅游区通过合理的划分和规划，主要分为以下几个特色区域：一是入口接待区。229省道与荣泰西路交叉口设置游客接待中心，用地面积约为5.6公顷，是仰徐村乡村旅游的主入口；次（北）入口位于盐徐高速与宁靖盐高速互通口附近，仰徐路东侧，主要规划有旅游接待中心、生态停车场、水车雕塑等。二是千亩良田示范区。从主入口旅游接待中心进来，沿荣泰西路南侧展开，总长约1700米，面积约为150.4公顷。荣泰西路两侧布置千米景观廊，设置景观小品、会所。另外良田示范区位于宁靖盐高速东侧，结合洪圣山庄周围环境布置。三是仰徐机电产业园区。产业园区位于冈沟河东侧，荣泰路两侧，面积约60公顷，以大中型标准厂房为主，支撑仰徐的主要经济。四是农产品加工区。农产品加工区位于229省道东侧，荣泰路北侧，冈沟河西侧，总面积约2000亩，主要用于农副产品的初加工、深加工以及精细加工，另外包含产品展示、参观、青少年科普基地。五是千亩种植区。千亩景观园林区位于农产品加工区南，生态路西侧，面积约44公顷；千亩蔬菜园位于村域南部，主要种植时令蔬菜；千亩草莓园位于村域中部，蔬菜园北侧，主要为草莓种植基地；千亩葡萄园位于草莓园北侧，主栽品种有美人指、新美人指、白罗莎里奥、维多利亚、贵公子、贵公主等10多个品种。六是新农村示范区。该区主要布置了两个居民集中居住区，分别为仰徐居民区和李梅居民区，用以新农村建设，创造宜人的居住生态环境。同时结合两个居民点布置农家乐两处，为游客提供最原味的乡野情趣。农民公园位于荣泰路两侧，仰徐居民点西侧，主要为仰徐村民和游客提供休闲健身的开敞空间，满足居民休憩需要和旅游观光、文化娱乐。七是休闲娱乐度假区。休闲旅游度假区为仰徐旅游区的特色环节，也是最重要的项目，项目规划位于高速互通的西南处的秀成生态园、村域东南的洪圣山庄和开心农场，集垂钓、休闲、餐饮、主体种养、特禽养殖、生态餐厅于一体，成为都市人休闲度假的好去处。八是生态污水处理设施及废水利用景观区。积极组织学生和游客参观微动力污水处理装置，让他们知道生态环境的重要性，并且从中知道生态循环的复杂变化过程。同时将处理后的废水变废为宝，营造水体景观，形成乡村旅游中的污水生态景观体验，体现景点的独一性和科技性特征。九是农民休闲广场。仰徐村农民休闲广场位于开发路以北，福田路东，南侧已建成安置小区，西侧有河道，先锋河将广场划分为南北两块。北地块占地面积约12000平方米，南地块占地面积约9200平方米，总占地面积约21200平方米。通过园林造园的手法，将休闲广场与景观元素有机结合，从而达到景观效益最大化。充分挖掘仰徐的文化特色，在亭廊立碑、铭史，在铭文中介绍仰徐村的历史由来。十是党群服务中心。它是仰徐村对外办公服务的场所，同时也是村民代表大会或举行重要活动的场所。它代表了仰徐的形象，展示着仰徐的面貌。同时在大厅右侧，设置了规划展览馆，陈列了改革开放以来仰徐村的辉煌业绩和建设成果，同时也有本村的鸟瞰模型，表达了仰徐村村民对未来的展望。

仰徐村委会大楼——党群服务中心（村委会提供）

游客接待服务中心（村委会提供）

（二）主要旅游景点

仰徐村以现有的丰富自然资源为背景，侧重人文、生态综合开发，培养特色品牌，充分发挥市场优势和区位优势，结合郭猛镇杨侍村温泉旅游区、张庄农业科技示范园等旅游景点，通过旅游资源交互式整合，形成了沿市区一日游的“都市后花园”精品乡村旅游线路。在旅游线路的设定和产品的塑造上，仰徐村增加了游客参与性与互动性，发展体验式乡村生态旅游，从而走出一条具有仰徐特色的旅游发展之路，不断提升自身实力，尽快融入盐城市大旅游圈内，将本村建设成了集休闲、观光、娱乐、度假等于一体的乡村旅游目的地，实现了城乡一体化和人文生态的共荣共赢，以及农业经济结构转型和乡村旅游资源的可持续利用。

在旅游产品的设计上，围绕着区委提出的“一级一园一业”的发展要求和“一湖两带一圈”的大旅游格局。仰徐村以创建国家示范旅游区为契机，打造了一系列观光与采摘相结合型的风光园旅游经营产品，主要包括：

1. 游客接待服务中心

内设接待大厅，配套信息咨询处、投

诉处、小型购物商店、邮政、休闲茶座、医务室、售票处、卫生间及必要的生活服务等设施，建筑面积约8000平方米；设生态停车场，位于入口南侧，面积约为4500平方米，有100个停车位（小车46个，大车54个），地面为半硬质生态地面，预制铺砖块空隙中种植草本植物，周边及内部分隔绿带种植遮阴效果好的乔木。水车雕塑体现乡村田野风格，在水车路上制作仰徐特色的文化名片，轮毂晚上用LED灯光照明，寓意仰徐村“财源滚滚，生生不息”。

2. 景观长廊

位于荣泰路两侧，为仰徐村的景观地标。结合里下河地区水多的特点，将千米道路通过园林的手法，展现给来仰徐旅游的游客，体验“一廊一世界”的美丽震撼。同时深刻挖掘仰徐村的历史文化资源，将仰徐文化融入景观长廊里。仰徐文化具有海洋盐文化、南方吴文化的属性。通过环境景观的营造，打造别具特色的景观元素构成，凸显仰徐深厚的文化底蕴。

3. 乡村少年宫

乡村少年宫规划建设有特色种植养殖体验，生态农业观光，未成年人学农艺、学工艺，小记者活动实践基地，“星霖芬芳”工作室，数字影院，拓展训练区等，努力使其既富有农村特点又现代时尚，强调娱乐性、突出参与化，真正成为乡村少年玩的地方。

4. 园艺餐厅

园艺餐厅是运用园林学、园艺学、美学等相关学科知识进行规划、设计和建设而成，通过全方位立体展现绿色、生态、自然、亲和的就餐环境，同时以设施农艺栽培、调控技术等各类技术来维护餐厅的优美环境，营造融入自然、如临乡间的美妙体验，吸引盐城及周边地区居民前来享受生态大餐，让游客在精致的园林景观中体会乡村田野乐趣。

5. 生态农庄

占地近4000平方米，建筑面积800平方米，设有品茗室、小包房、多功能厅，可同时容纳300位游客休闲娱乐、品茗、餐叙，以服务为载体竭诚服务于仰徐采摘、观光界的朋友，成为旅游业与农业结合的典范。

6. 千亩种植体验园

体验区包括千亩设施草莓园、千亩设施葡萄园、千亩设施蔬菜园、千亩景观园林、千亩良田示范园5个采摘劳作体验区，通过5种不同的农业种植，展现仰徐诗画般的美丽，让城市的旅游者体会别具一番风味的乡野风光。

7. 秀成生态园

占地350亩，分为70亩的垂钓观光、高尔夫水上娱乐和190亩沿海特色、耐盐植物引繁区。水上高尔夫项目利用人们回归自然、亲水戏水的天性，一改高尔夫为贵族高消费运动的传统理念，用碧波荡漾的水上球场替代草地球场，吸引游客参与和消费；垂钓、水上自行车、水上跷跷板等娱乐活动，增加了游客逗留时间。沿海彩色、耐盐植物引繁区，利用资源优势，培育更加优良的耐盐植物品种，为生态园提供另一种科普宣传；4500平方米的生态大酒店即将建设，为游客提供餐饮和住宿等星级服务。

8. 老人幸福家园

仰徐村老人幸福家园是超越敬老院级别的老年人康乐中心，集娱乐、餐饮、住宿、教育等于一体的标准生态幸福家园。幸福家园的宗旨“感受幸福、乐享余年”，让村里的老人都可以安享晚年。将幸福家园纳入旅游景点中，是为了让参观者都能从中体会到中华民族优良的传统美德，感受到新农村建设的巨大成就。

七、“旅游+农业”

仰徐村旅游经济区受大纵湖风景区、长江三角洲等国际型旅游目的地的强辐射影响，乡村旅游具有巨大的市场潜力和广阔的开发前景。仰徐村作为“全国文明村”，拥有迷人的田园风光、深厚的文化内涵、鲜明的民俗特色，多年来受到社会各界的关注，具有相当高的开发价值。仰徐村与周边景区已形成互利互赢、互帮互助、互动发展的新格局。

依托着旅游业，仰徐村的“旅游+农业”产业经历了从无到有、从小到大、从默默无闻到知名品牌的发展过程。据仰徐草莓专业合作社的商建华介绍，全村大棚草莓已经发展到1500亩，平均亩产达3000斤以上，市场批发价平均每斤10元左右，初上市时最高售价达每斤30元，田间自采价格每斤15~25元。采摘期从当年11月下旬至翌年5月上中旬，莓农每亩纯收入已从传统稻麦两熟的近千元，到大棚草莓种植的万元以上。加上近年来驻村专家大力推广培育草莓苗，每亩又可增收几千元，为此不少莓农每亩纯收入超过2万元。随着草莓产业收入的大幅度增加，广大莓农的种植积极性空前高涨，也为盐都区草莓特色产业的不断扩大和可持续发展发挥了很好的示范作用。

仰徐村依托盐城市丰富的旅游资源，以“都市乡野、快乐仰徐”为核心竞争力，乡村旅游可持续发展为背景、里下河特有地貌为特色、农耕文化为时尚、乡村风情体验为亮点、青少年科普为动力，打造成了“农业+旅游”的集乡村度假、生态观光、休闲娱乐、文化体验于一体的江苏最美乡村旅游目的地之一。

04

村民的日常生活与钱袋子

现在的仰徐农民公园，规模宏大，气象万千，已建成大型文艺演出广场、休闲健身广场、停车场、景观场、荷花池和凉亭、穹形崇廉桥一座，花园的周边有曲径漫步小道，附近的石碑上刻有“廉政文化”4个大字，给游人以启迪教育和警示作用。园内松柏苍翠，杨柳依依，绿竹亭亭，各种花卉芬芳四溢。每至晚间，灯火辉煌，灿若星空，游人如织，歌声不断，健身其中，乐在其中，使人心旷神怡，流连忘返。

一、村民日常之生产、住、行

（一）水利篇

中华人民共和国成立前，仰徐村境内河道甚少，南有前港河，西有冈沟河，此外还有几条狭小的生产河道。除冈沟河外，这些河道弯弯曲曲，深浅不一，不是断流就是死水。这些河流多为季节性河流，旱不能灌，涝不能排，严重影响了农业生产的发展。

中华人民共和国成立初期，因实行一家一户生产种植，仰徐村各户也只能搞些简易的排水设施，小沟小河不能从根本上变水患为水利。1969年、1971年马沟乡政府组织上万民工开挖了至东陈的宽18米、深3.6米的马中河；1971年、1979年先后在仰徐村境内开挖了与蔡庙大队毗邻的先锋河，河口宽15米、深3.4米；1979年，又投放大量劳动力，新开仰中河（冈沟河至马中河），宽14米、深3.4米，使仰徐村境内河流与主干河流连成一体，同时对部分小沟进行疏浚，增强了境内排灌能力，使全村近2000亩农田直接受益。

20世纪60年代，仰徐村以“改土治水”为中心，加强农田基本建设，切实解决洪、涝、旱、碱自然灾害问题，通过一系列的努力，初步实现了“低田变高田，一熟变两熟，低产变高产”的成效。70年代，仰徐村掀起了“以改土治水为中心，马沟河山重安排”的新高潮，大建联圩，大搞“河网化”“条田化”“平田整地”，深挖“三沟”（墒沟、田头沟、排水沟），搞排灌建筑物的配套工程。为了建设稳产高产农田，全村上下齐动员，男女老少齐参战，建成了先锋西圩，并在冈沟河边先锋西圩建起马中河、先锋河圩口闸，建成了以仰中河为中心南北各延伸120米的两条2.5米宽的人行机耕道。自此，仰徐村所有耕地基本实现了“条田化”，初步形成了“河成网、

河道（村委会提供）

田成方”的局面，每一块田的排灌能力都得到了增强，基本达到了“三分开、一控制”的要求，建成了防涝保丰收的稳产、高产农田。

中华人民共和国成立后，全村广大干部群众在上级政府的统一领导和组织下，积极投身水利工程建设。1950年至2012年这60多年来，仰徐村共参加国家级水利工程建设和其他水利工程建设19次（淮沭河、大澜巴海堤圩堰、王港河、西潮河、黄沙河、射阳港地滩、苏北灌溉总渠、斗龙港等），投放了大量劳动力和物力，出工总人数达550人次，完成工日27500个，完成土方68750平方米。1950年后，仰徐村参与县、乡级水利工程建设达20多处，包括“伍佑三墩河网化工程”“大马沟河拓宽工程”等水利工程建设，以及公路、道路、圩堤、鱼塘的建设工程，累计出工总人数超过23000人次，实际完成总土方177500平方米。参与鱼塘建设工程后，仰徐村人还积极参加抗洪排涝抢险的战斗。全村人民在水利建设方面为国家和人民做出了巨大的贡献，为社会主义经济建设贡献了自身的力量，使里下河地区人民生命财产安全得到了有力的保障，为农业现代化建设、实现农林牧副渔全面发展、实现农业丰产丰收与工业繁荣发达做出了不懈的努力和卓越的功绩。[1]

（二）道路篇

中华人民共和国成立前，仰徐村境内道路弯曲又狭窄，最宽的路面不足1米，最窄的只有0.5米，而且高低不平，每逢下雨，羊肠小道泥泞不堪，行走艰难。

中华人民共和国成立后，党中央提出走集体化的道路，仰徐村改变了小农经济的经营模式，在1955年后走上了集体化的道路，

荣泰路（村委会提供）

[1] 仰徐村村委会：《仰徐村村志 · 水利篇》。

农田收归集体所有，路道由集体统一规划，实行了“条田化”与“道路配套建设”的新举措，解决了出行难的问题，在生态建设方面做出了成绩。

改革开放后，随着集体经济不断的发展和壮大，“中心村建设”项目在仰徐村开始规划和启动，仰徐工业园区不断发展，积累了大量资金。在此基础上，潘黄镇政府、仰徐村级领导班子对道路实行了全面规划，并逐步改造仰徐道路，把过去的砖路、泥路、机耕道改成了宽敞的柏油公路和硬质水泥路道，贯穿全村境内的荣泰大道（马中河—盐宁公路）就此诞生，全长4.5千米，宽12米，黑色路面平整而光亮，白天是车水马龙，人流如潮，晚间灯火通明，夜景璀璨，路旁两侧树木成林，各种花木争奇斗艳，美不胜收，融绿化、亮化、美化、净化于一体。行人置身其中，倍感心旷神怡。截止

▌道路（村委会提供）

到2012年年底，仰徐村共建成通达全村的路道10条，共投入资金2000多万元，同时所有道路两旁栽植了树木、花草，居民住宅区路道都进行了绿化，绝大多数家庭院落都增添了盆景、花卉。现在仰徐村境内道路通畅，路灯通明，绿树成荫，整洁卫生。[1]

表4-1　2000年后仰徐村内主要道路情况汇总

道路名称	道路长度（米）	道路宽度（米）	道路面积（平方米）	备注
草莓东路	418	4	1672	
草莓西路	426	4	1704	
草莓中路	800	4	3200	
生态路	960	3.5	3360	
福园路南延	540	8	4320	
新民一组东西路	270	5	1350	
兴业路	330	5	1650	
经二路	577	10	5770	

[1]　仰徐村村委会：《仰徐村村志·生态建设篇·道路》。

续表

道路名称	道路长度（米）	道路宽度（米）	道路面积（平方米）	备注
经四路	373	10	3730	祁庵西路北延
李梅南路	1690	3.5	5915	
祁庵西路	780	10	7800	
荣泰路西延	3550	12	42600	
秀城南路	318	8	2544	环形道路
秀城北路	125	6	750	环形道路
秀城东路	430	3.5	1505	环形道路
祁庵中路	1200	3.5	4200	
合计	12787		92070	

（三）桥梁篇

中华人民共和国成立前，仰徐村的桥梁结构简单，桥梁大多“树木作腿，木板为面”，年深日久失修，加之风吹雨淋日晒而腐朽不堪，桥身倾斜不正。

中华人民共和国成立后，在上级政府部门的支持下，随着集体经济的发展，仰徐村每年从集体公益金中提取一定数额的修桥资金，逐步改建成了一座座水泥腿和水泥板的桥梁，使行人、车辆、农机具能安全、便捷地行驶，充分体现了集体化的优越性，从此腐朽木结构的旧桥一去不复返。

改革开放后，随着经济的快速发展和提升，人民生活水平不断提高，居民住宅区形成，工业园区迅速崛起；村党总支、村民委员会统筹规划，全村所有桥梁建设必须同建设社会主义现代化新农村同步进行。在上级政府和有关部门的大力支持下，经过全村广大干部、群众的共同努力，至目前共建成载重负荷大、桥面宽的桥梁10座，使全村境内所到之处都能通上汽车、货车、运输车，极大地方便了群众的生产生活，改变了交通环境。[1]

（四）基础设施篇（2017年统计数据）

1. 给水

仰徐村自来水厂常年为1640户农户提供自来水，自来水管总长10000米，自来水供给率达90%。

2. 排水管网、污水处理设施

建有污水处理池6个，管网总长度5100米，日处理污水3.5吨。

3. 绿化

先后绿化道路6条，开展节点绿化25处，绿化总面积达63500平方米，绿化覆盖率达38%。

4. 供电及通信

电路、通信线路实现全村覆盖。

[1] 仰徐村村委会：《仰徐村村志 · 生态建设篇 · 桥梁》。

5. 公厕

中心村建有公厕5个，其中居住小区4个。

6. 生活垃圾收运

配备垃圾车2辆，投放垃圾箱35个，专业环卫工人7人，日处理垃圾2.5吨。

（五）公共服务篇（2017年统计数据）

1. 村委会

位于荣泰路北，为局部4层建筑，占地面积5.4亩，建筑面积1906.5平方米，有办公室13间，会议室2间。

2. 卫生室

占地面积72平方米，设有门诊、药房、治疗等科室，现有工作人员3人。

3. 文化活动室

占地面积56平方米，现有工作人员1人，各类图书2万余册。

4. 幼儿园

占地面积1320平方米，现有幼儿125人，分大、中、小班教学，现有教师11人，工作人员2人。

5. 便民服务中心

占地面积38平方米，设有社会保障、村镇建设、社会治安、党群等服务窗口，现有工作人员5人。

6. 农资超市

现有农资超市2家，共80平方米，从业人员4人。

7. 公共活动及健身场地

占地95亩，拥有20多种健身器材。

8. 敬老院

占地3500亩，设有床位120张，现有孤寡老人80人，工作人员11名。

附：仰徐村特色景观——仰徐农民公园

仰徐农民公园，北至工业路，南至荣泰路，西至生态路，东邻住宅区，占地面积95亩，总投资2000万元，其中一期工程45亩，投资800万元，于2012年9月竣工。仰徐农民公园由江苏省仁智园林设计有限公司规划设计，建设了大型文艺演出广场、休闲健身广场、停车场及廊架、景观凉亭、荷花池、展览厅、健身漫步道等景观，将建成为集自然生态、水景花漾和融地方文化、廉政文化于一体的党员干部廉政教育基地。

仰徐农民公园（村委会提供）

农民公园一角（村委会提供）

现在的仰徐农民公园，规模宏大，气象万千，已建成大型文艺演出广场、休闲健身广场、停车场、景观场、荷花池和凉亭、穹形崇廉桥一座，花园的周边有曲径漫步小道，附近的石碑上刻有“廉政文化”4个大字，给游人以启迪教育和警示作用。园内松柏苍翠，杨柳依依，绿竹亭亭，各种花卉芬芳四溢。每至晚间，灯火辉煌，灿若星空，游人如织，歌声不断，健身其中，乐在其中，使人心旷神怡，流连忘返。

二、村民日常之集中居住

仰徐村为原新民和仰徐两个行政村合并而成，仰徐集中居住区已初具规模，新民集中居住区正在规划建设中。仰徐集中居住区始建于1996年，2011年就已建成风格各异的小区5个和农民公寓1幢，第六小区为3层连体建筑群，已开工建设。其中第一小区49户，第二小区34户，第三小区30户，第四小区83户，第五小区82户，第六小区规划建设20户，在建12户，农民公寓安置拆迁户30户，集中居住至少达308户。集中居住区内菜场、超市、卫生服务站、浴室、农家书屋、小剧场等配套设施一应俱全，居住区绿化覆盖率达到了36%，投放了至少50个垃圾箱，同时成立了保洁队伍，对生产生活所产生的垃圾进行处理。与此同时，集中居住保证了仰徐村居民的生活质量，集中供水、集中供电，包括即将建成的集中供天然气，这些无一不体现了仰徐村集中居住的优越性。

为了进一步改善生活环境，促进村民们改善生活方式，以及推进仰徐村宜居生态工程建设，仰徐村建起了公寓楼，村民们可置换到新建的农民公寓楼居住。为此，仰徐村也建立了较严格的置换标准：（1）置换

仰徐村第五小区样板楼

时，居民以现有居住的有效面积1：1置换公寓楼。（2）面积测算实行阳光操作，由丈量组丈量、核实，并进行公示，其中，主屋1平方米算1平方米，厨房1平方米折算0.7平方米，猪圈、厕所1平方米折算0.3平方米。（3）过渡费为有效面积每月4元/米^2，最多补140平方米，补贴期限从搬家交钥匙之日起至公寓楼交钥匙之日止。（4）奖励措施：2008年11月20日前搬家交钥匙的农户奖5000元，2008年11月30日前搬家并交钥匙的农户奖2000元，2008年12月1日起取消奖励。

三、村民日常之政治生活

社会治安综合治理是建立和保持良好的社会秩序、维护社会治安稳定的基本方针，是保证社会稳定的根本途径。长期以来，仰徐村历届党委都能把社会治安综合治理、民兵、兵役工作摆在重要的议事日程，建立健全组织机构和各项规章制度，取得了一定的成绩，得到了上级主管部门的充分肯定。

仰徐村“两委”把社会治安综合治理摆上“两委”工作的重要议程，健全社会治安综合治理领导机构和办事机构，成立了社会治安综合治理领导小组，下设治安保卫委员会、人民调解委员会和普法领导小组等办事机构，形成了“齐抓共管”的局面，稳定了仰徐村社会治安形势。2013年5月17日，国家司法部、民政部在仰徐村部大会场举行了授牌仪式，授予仰徐村“全国民主法治示范村”光荣称号，也是盐都区基层村居的一项最高荣誉称号。2013年，仰徐村综合治理（平安建设）工作指出，全村社会治安综合治理和平安建设工作要坚持以邓小平理论和“三个代表”重要思想为指导，按照区、街道党委、政府的部署要求，深入学习科学发展观、十八大精神，以巩固和深化平安街道、平安村为目标，牢固树立“发展第一要务，稳定第一责任”的理念，坚持综合治理的方针，切实维护国家安全和社会稳定，保障人民群众安居乐业，为全面建设小康社会创造良好的社会治安环境。多年来，仰徐村坚持完善社会治安综合治理工作，在多方面进行综合治理建设。

（一）强化综治领导责任

仰徐村党总支统揽全局，切实把综合治理和平安建设工作摆上重要的议事日程，严格实行综治平安建设领导责任制和目标管理责任制，实行党总支书记、村主任为第一责任人，与村“两委”、村组干部统一签订责任书，落实开展每季度一次的社会稳定形势分析会、每月一次例会、每半月一次矛盾纠纷排查调处例会等制度，及时化解矛盾纠纷，及时处理影响社会稳定的突出问题。

（二）完善民主法治建设

仰徐村党总支、村委会要求各生产队要维护全村的社会治安和排查经济领域不稳定、不确定因素的工作，依法稳妥处理存在的各种政治、经济、社会问题。在实际工作中，仰徐村党总支、村委会着力化解涉法涉诉、重信重访等突出的信访问题，加强了对民族宗教领域的动态管理；每半年开展1～2次专题会议部署和分析会，严厉打击和处置了“法轮功”等邪教组织的违法犯罪活动，开展了“反邪教六有六无”活动，进一步巩固和扩大了反邪教斗争的成果；重视健全社会预警、突发事件应急和社会动员机制，提高了村级组织保障和维护社会公共安全的能力。

（三）保持社会治安平稳

多年来，仰徐村健全了社会治安形势季度分析通报和综治工作例会制度，坚持严打方针，严厉打击了暴力犯罪、黑恶势力犯罪以及抢劫、盗窃等多发性侵财犯罪，定期排查突出治安问题和多方位措施；在公共区域，落实了“亮灯工程”，主要路口也设置了视频监控，建立了一支村级治安巡逻队伍，专兼治安巡逻队员不少于5名，每月组织巡逻设卡不少于12夜；扎实推进了依法治理，深入开展了平安铁道创建活动，加强了安全生产、安全防火、防爆监管措施，有效地防止了严重危害群众生命财产安全的重大治安问题和严重生产安全的群死群伤事故的发生。

（四）强化特殊群体管理服务

对于特殊群体，仰徐村采取了独到的管理服务措施。仰徐村加强了村级流动人口管理服务站的规范化建设，协管员积极推行房屋租赁合同登记报备管理，对于外来人口登记率达到了95%以上，与出租房主签订综治、计生管理类证书的签订率达到了95%以上，提升了流动人口的管理水平；致力于社会矫正工作，深化对刑释人员的安置、帮教和管理工作，并着力于预防青少年犯罪工作，深入推进了青少年违法犯罪预防计划和成年人的零犯罪计划创建工作，积极配合开展校园及周边治安综合治理及创建平安校园活动，加强了对社会青少年的教育指导和管理服务，切实有效地预防和减少了青少年犯罪。

附：仰徐村社会治安综合治理工作制度

为推进社会治安综合治理工作，仰徐村成立了综治组、综治办、人民调解委员会等机构，制定了一系列制度措施，明确了各机构工作职责。

综治组的主要工作职责：按照上级领导的要求，结合仰徐村的实际制订工作规划和具体工作措施，组织村内的社会综合治理工作；领导仰徐村综治办、治保会、联防队开展以治安管理、治安防范和治安巡逻为主要内容的群防群治工作；组织开展矛盾纠纷排查调处工作，缓解社会矛盾，清除不安定因素，认真做好民情民意的收集、上报和下传工作，掌握仰徐村的社会动态；指导开展对外来人员的登记、服务和管理工作；积极开展对高危人员的管理教育工作和刑释人员的安置帮教工作；组织开展法制宣传教育及预防和减少青少年违法犯罪工作；组织开展创建“无毒村居”活动；组织开展防火、防灾工作，协助有关部门处理火灾、事故、自然灾害等突发性事件；全面负责领导全村开展社会治安综合治理工作，形成“齐抓共管”的局面；做好上级部门交办的其他工作。

综治办每两月开一次综治办全体人员办公会议，总结前期工作，分析当前形势，研究部署下一步工作；按照规范化、制度化的要求建立健全各项工作台账，做到有章可循，有据可查；遇有刑事案件、重大政治案件、群体性纠纷、重大事件苗头等事件时，在先期介入的同时，迅速向上级部门报告；建立规范、科学、严格的考核奖惩制度，将个人考核成绩与工资奖金挂钩，充分调动工作人员的积极性。

保安联防队员则主要向人民群众进行安全防范和法制宣传教育，做好以防爆、防火、防盗、防治安灾害性事故的“四防”安全检查；在指定区域开展治安巡查，预防、制止和查处各类现行违法犯罪行为；维护职工生活区公共场所的治安秩序；在发生各类案件和事故时，主动保护现场，并迅速报告公安机关；参加应急救灾、救险活动、维护国家财产及人民群众财产和人身安全；协助公安机关完成布置的其他任务。

在处理仰徐村日常纠纷与村民矛盾时，仰徐村人民调解委员会发挥了重要作用。人民调解委员会认真执行《人民调解委员会组织条例》的规定，在村综治组领导下开展工作，按照规范化要求建立各项制度，主动接受街道司法行政部门的指导；认真调解辖区的民间纠纷，防止民间纠纷激化；坚持调防结合、以防为主的方针，积极掌握辖区内的矛盾纠纷动态，一旦获悉重大纠纷和群体性事件的苗头，及时向上级部门报告；积极直传法律法规政策，教育公民遵纪守法，尊重公德，依法信访，阻止民间矛盾纠纷的发生；加强组织网络建设，建立健全各项工作条例制度，不断提高工作人员的政治业务素质，提高业务水平，努力创建规范化调解委员会。[1]

四、村民日常生活之仰徐人

（一）在村委会工作的年轻姑娘

其间，我遇到了一位从村委会下班出来的年轻姑娘。经过一段时间的熟悉后，我们聊了一会儿。经了解，她自己不是仰徐村本村人，是从其他村子嫁过来的姑娘，今年30岁，她家里共有6口人，夫妻二人，加上公公、婆婆和2个孩子。2个孩子一个上一年级，一个还小。当说起这些的时候，她脸上洋溢着幸福的笑容。公公、婆婆还在工作，加上村内的社保、农保补贴，养老负担接近于0；而自己的工作很稳定，丈夫的收入也不低，日子过得很滋润，丝毫没有因为家里6口人而有经济困难。她说："我过得很幸福。"

（二）理发店的阿姨老板

沿着路边向西漫步，笔直的公路上一尘不染，道路两侧每隔50米就放置了一个垃圾箱。前方传来轻松悠扬的旋律，循着歌声，我来到了一家理发店。理发店的老板是一位中年女子。闲来无事，一边理发，一边和她聊了几句。这是一位和蔼的阿姨，轻声细语地向我们诉说着仰徐的人、仰徐的事。阿姨是土生土长的仰徐人，开这家理发店已有20多年了，是一位能工巧匠。她谈到，村里有两三家理发店，所以平日里工作也不算忙，晚上7点多就下

[1] 仰徐村村委会：《仰徐村村志 · 社会治安综合治理篇》。

班了，村委会的一些领导也会到自己的店里理发，交谈起来也很随和，没什么架子。闲的时候，她会和一些朋友去“四季百味馆”吃一顿，那儿的老板自己很熟，菜也不错。自己很喜欢听歌，理发店里也会放着歌，每一天都过得很轻松。平时偶尔身体有些小恙，比如感冒的时候就去村里的卫生所，几分钟就到了，很方便，也能满足需求，只有遇到一些很麻烦的情况才会去市里的大医院检查。阿姨感慨道：“20多年来，仰徐村变化很大。那时候，村里全是荒地，泥泞布满了道路，便民利民的设施也少得可怜。而现在，家家户户住上了小别墅，公路平整而干净，平日里有什么需要都可以得到解决。作为仰徐村的一员，我很幸福。”

（三）超市的一家三口

在一家小超市买东西时，接待我的是一位青年小哥儿，没有什么代沟，我们很轻松地聊了起来。这是一位在外求学的大学生，生在仰徐，如今放假了回到家里，超市的老板是自己的父亲，他们现在有事出去了，所以自己在这边看着超市。说着说着，不一会儿，一对中年夫妻走进了超市，他们正是超市的主人。我了解到，20多年前，这对夫妻下了很大决心，买下了这家店面，尽管当时有一些负债，日子有点艰难。但现如今，一年收入好几万，在村子里经济状况也算比较好的，平时也没什么负担，衣食无忧。谈到这里，两口子也有些感慨，仰徐村这20多年变化太大了，原本村内都是荒田，连自来水都没有，家里吃水要去村子南边挑水，后来村里搞了集中居住，家家户户都通了水通了电，仰徐村的变化都看在眼里。这时候，小哥儿告诉我，他小时候，这边空地比较多，自己会和一些小伙伴在一起玩，爬爬树，捉捉迷藏。现在大家都长大了，个个都去外地读大学了，虽然平时很难见到，但那份童真和友谊是忘不掉的，回来后便聚在一起。这时，我看到有一位村民来到超市门口，拿起一份包裹，然后笑着和老板打着招呼便离去了。“这是怎么回事？”我问老板。老板娘告诉我：“现在网络发达，很多人都网购，我这边相当于一个快递服务站，快递小哥会把快递寄存在我这边，村民会来这里取走他们的快递。”“那收费吗？”“收什么费？都是街坊邻居，大家都是熟人，帮忙看看也没什么，但有一点，我只是帮他们暂时照看，如果丢了东西可不归我管。”她说完便笑了起来。我看着这笑容，心里暖暖的。仰徐村的经济发展起来了，这里的人却没有失去那份质朴和纯真。

05

乡村医疗与养老

近年来，仰徐村高度重视医疗卫生事业的发展，在村内推行健康教育工作，强化健康教育组织机构建设，不断增强村健康教育服务功能，推动了村卫生服务向纵深发展，更好地为广大村民服务，为社会经济发展服务。

一、仰徐村医疗事业发展

中华人民共和国成立前，仰徐村附近一带缺医少药，那时只有东陈一组张二和李梅村赵润宽两人懂得一点医术，用针灸和自制中成药丸给人治治病、退烧退热而已。俗话说：“穷人无病就是福。”那时富人生病求医，穷人得病只能靠天或求助巫婆、神汉碰运气，如有瘟疫流行，便只好听天由命。

中华人民共和国成立后，党和国家高度关注民生，采取了一系列防病、治病措施。1954 年，徐马庄成立了联合诊所，后改为马沟卫生院。1956年，仰徐村先锋片首先成立了联合诊所，1969年，仰徐大队成立了卫生室，1969年下半年，第一次实行合作医疗，1995年至2012年，重新实行第二次合作医疗，仰徐村医疗卫生事业随着社会的发展不断巩固发展。[1]

（一）从联合诊所到卫生室

仰徐村地处盐城西南，距马沟卫生院较远，离盐城更远，加之当时道路泥泞，且交通又不便，病人生病得不到及时救治，经常贻误病情。为此马沟公社政府于1954年首先派出医疗水平精湛的外科医生李其亮、徐民富，内科医生李乃文、赵润宽，儿科医生郑乔富，妇科医生张翠玉、朱秀英等人在仰徐组建成联合诊所，对先锋片仰徐、祁庵、东陈、李梅、徐韦、新徐、蔡庙、蔡徐、吴舍9个村进行救死扶伤，由李其亮同志负责主要事宜。卫生诊所当时借用二组徐兆兵、徐兆银、徐文魁家民房。尽管当时条件差，医疗设

[1] 仰徐村村委会：《仰徐村村志·医疗卫生事业篇》。

备不足，但医生团队都具有一定的专业知识，同时具有高度的事业心和责任心，作风求实，能急病人所急，想病人所想，尽心尽责，身背药箱，走门串户，驻地就医，救死扶伤，多年来为盐城南部的医疗事业做出了巨大贡献。那时基本能做到“一般小病不出村”，深受广大村民的拥护和赞誉。

1964年，仰徐联合诊所撤销，仰徐成立了卫生室，经村领导提议，村民代表推荐，由部队退伍卫生员徐兆庚任卫生员（后改称为“赤脚医生”）。1972年又增加了“赤脚医生”李占荣。1976年插队知青官讲辉来仰徐插队，因为他具有较好的医疗技术和专业知识，大队聘其为“赤脚医生”。当时赤脚医生的工资由村里支付，卫生室、办公室设在仰徐四组知青房，先后借用陈学广、周俊尧、徐长云家民房。仰徐卫生室为村民治病、防病做出了较大贡献。

（二）仰徐卫生服务站

1969年下半年，仰徐村成立了卫生服务站，租用徐福春家住宅楼两间，先后置办了病人床位、药橱、椅子、办公桌凳及部分医疗器械，这期间医务人员先后有李金华、李芹等人，基本解决了群众“看病难”的问题。为保证卫生服务工作顺利开展，仰徐村成立了卫生领导小组，组长由李兆昌、李芹等人担任。

在日常工作中，仰徐村卫生服务站重视加强内部管理，实行站长负责制，建立健全了各项工作制度，严格考勤考绩；贯彻“预防为主”的方针，完成了各项预防保健工作、法定传染病的登记和疫情报告工作，如艾滋病等重大传染病的防治工作；以家庭为单位，在社区开展工作，遵循自愿、公开、有偿的原则，建立健全家庭、个人健康档案，与社区家庭、个人签订卫生保健服务合同，并履行合同内容，为社区家庭提供卫生保健服务；开展儿童计划免疫力工作，加强对1～7周岁儿童及孕产妇的系统管理，协助开展妇女病的普查及65岁以上老年人健康体检工作，做好老人保健、残疾康复和5类慢性病的医疗保健服务工作，做好各类残疾人员、精神病患者的康复管理工作；有序开展健康教育工作，及时分发宣传材料，规范开展常见慢性病防治和死因监测，及时完成公共卫生信息收集与报告，提高村民的自我保健意识和健康水平，为仰徐村医疗卫生事业的发展做出了重要贡献。

（三）仰徐村合作医疗

为了解决治病难的问题，政府主管部门决定实施合作医疗制度。仰徐村从1969年开始实行合作医疗制度，采用经费自投和集体投入相结合的办法，社员每人每年投入0.05元，生产队从公益金中提取每人每年2元，由大队统一管理；社员在大队门诊室看病，只收5分钱挂号费，做到小病不出门、大病转诊后药费报30%～50%。然而，仰徐村合作医疗在发展过程中，遇到了种种挫折，不久后就中止了，1995年重新恢复。

在党中央的领导下，我国医疗卫生事业发展进入了崭新时期，国家对农村医疗卫生经费的投入逐年递增。仰徐村的医疗卫生事业发展也得到了国家的大力支持，合作医疗制度得到完善，村民的医疗卫生也得到了保障。在仰徐村，1995年至1997年，每人每年个人参保15元；1998年至2008年，每人每年个人参保20元；自2009年以来，仰徐村实行集体参保，2009年每人每年村集体参保27元；2010年，每人每年村集体参保35元；之后每人每年村集体参保额逐年上升。仰徐村合作医疗制度实施后，受到了领导的高度重视，基本解决了百姓治病难的问题，受到了群众的广泛支持。

（四）仰徐村健康教育

近年来，仰徐村高度重视医疗卫生事业的发展，在村内推行健康教育工作，强化健康教育组织机构建设，不断增强村健康教育服务功能，推动了村卫生服务向纵深发展，更好地为广大村民服务，为社会经济发展服务。

仰徐村村委会重视加强组织建设，强化管理职能，对领导班子的工作能力进行测评，以全面、充分掌握领导班子的实际工作能力和组织能力，并结合实际情况，进一步落实健康教育工作的岗位责任制，全面提高领导班子的工作能力和组织能力，为村健康教育工作提供了强有力的组织后盾。根据仰徐村的例会制度，每季度召开一次领导班子会，明确阶段性村健康教育工作任务，落实村健康教育工作阶段性活动措施。

仰徐村企事业单位大力进行了职工安全生产、职业卫生、劳动保护、职业病防治等知识的宣传教育，充分提高了广大职工的劳动保护意识，维护了劳动者的权益，提高了广大村民的健康水平。

仰徐村健康教育学校每年开展3次以上的卫生知识讲座，内容主要针对传染病防治、计划免疫、妇幼保健、食品卫生及公共场所卫生、劳动保护和职业卫生、村民健康生活等方面的卫生知识，其培训对象主要为村民、学生及餐饮服行业人员，由相关部门的专业人员讲课。

仰徐村利用4月爱国卫生月、4月25日计划免疫宣传日、4月7日世界卫生日、5月31日世界无烟日、6月5日世界环境日、6月26日国际禁毒日、科普宣传周、母乳喂养宣传周等卫生日，开展宣传教育，并积极参加由上级业务主管部门举办的宣传教育活动。仰徐村还定期刊出宣传栏，根据健康教育工作的要求，定期编制宣传材料，每季度1期，全年4期，内容健康活泼，形式多样，图文并茂，主要刊出内容为健康生活方式、养生之道、饮食卫生、环境卫生、妇幼保健、计划生育、传染病防治、计划免疫等日常相关的卫生知识，并具有较强的针对性，印制的宣传材料有具体针对传染病防治等相关知识的宣传。

仰徐村正努力把健康教育工作提高到一个新的水平，全面促进社会经济发展，为创建一个和谐美丽的新仰徐而奋斗。

二、仰徐村养老助残

随着人口老龄化进程的不断加快，我国老龄人口不断增长，我国正面临着一场严峻的养老考验。经了解，仰徐村内大部分青壮年人口都在外地求学或工作，村内留守了大量老人，且看仰徐村是怎样处理村内养老问题的。

（一）仰徐老人的敬老院——仰徐老年幸福家园

随着新农村建设的逐步深入，仰徐村党委一班人充分认识到："关爱今天的老人，就是关爱明天的自己。"给老人营造舒适安闲宽松的环境是我们这代人义不容辞的责任。经村党委研究决定，建议建设仰徐老年幸福家园。这一计划得到潘黄街道党委和政府的鼎力支持、区民政局的认可和关注。

仰徐老年幸福家园前身为潘黄街道老年幸福家园，该园始建于1990年，2009年10月移址兴建于"全国文明村"——仰徐村。仰徐老年幸福家园位于福园路西北侧，占地面积16亩，第一期建筑面积3000多平方米，建有公寓楼两幢3层，平房一幢，按照全市一流养老机构的建筑要求进行规划设计，所有建筑均为仿古风格、宾馆模式、星级标准，设立单人间、双人间、多人间等，现有床位120张；房间内床、柜、空调、液晶电视等生活设施一应俱

仰徐老年幸福家园

全，大小餐厅、健身房、医务室、棋牌阅览室齐全；园内设有休闲广场，有凉亭、长廊和室外健身器材、石凳、石桌等；园中四周、道路两侧树木成荫、花香四溢、芳草茵茵，达到了真正可居、可游、可观的效果。除潘黄街道和仰徐老人集中供养外，仰徐老年幸福家园还面向社会公众开放，吸引社会各类老人前来颐养天年。园中还设有残疾人托养中心，居家养老服务站。站内有康复室、聊天室、活动室、照料室，配有管理和服务人员，专门服务老年人和残疾人。在农村来说，仰徐老年幸福家园可谓规格高、质量优，屈指可数，是集养老敬老、休闲养生、文化娱乐、医疗保健于一体的综合性养老机构。

仰徐老年幸福家园建成后，江苏省市区及外省市养老机构及有关团体、领导多次来园内观光调研，仰徐老年幸福家园受到了高度评价和赞誉，先后荣获“全国农村五保供养工作先进单位”“江苏省三星级五保供养机构”“江苏省民政系统行风建设示范单位”“盐城市敬老文明号”等荣誉称号。

（二）非营利性社会组织——仰徐居家养老（社会助残）服务站

2013年，经仰徐村村民委员会研究决定，将仰徐老年幸福家园开辟50平方米长期作为盐都潘黄街道仰徐居家养老（社会助残）服务站使用，仰徐居家养老（社会助残）服务站就此成立。

仰徐居家养老（社会助残）服务站是利用仰徐村老年幸福家园闲置房屋，自愿组织的为失能、半失能、高龄、独居老人或重残人员提供生活照料、医疗康复等服务，并从事非营利性社会服务活动的社会组织。在遵守宪法、法律、法规和国家政策的前提下，仰徐居家养老（社会助残）服务站旨在适应社会老龄化发展需要，推进老年人工作开展和残疾人事业发展，倡导社会尊老助残风尚，维护老年人和残疾人在生活质量、文化娱乐、社会环境、法律保障等方面的权益，形成社会道德风尚。

仰徐居家养老（社会助残）服务站由盐城市盐都区民政局和盐城市盐都区潘黄街道办事处管理，其日常工作由盐都区潘黄街道办事处仰徐村委会监督，日常工作主要是为失能、半失能、高龄、独居老人或重残人员提供生活照料、医疗康复、家政、精神慰藉等服务。

表5-1 仰徐村居家养老（社会助残）服务情况登记表（部分）

盐城市盐都区居家养老（社会助残）服务情况登记表
潘黄镇（区、街道）仰徐村（居）居家养老服务站　服务单位（社工）：徐**

序号	服务时间	服务对象姓名	详细服务内容	金额（元）	备注
1	2014-12-16	钱**	代购物品	5	
2	2014-12-16	徐**	代购物品	5	
3	2014-12-20	陈**	住院陪护	20	
4	2014-12-21	陈**	住院陪护	20	
5	2014-12-22	陈**	住院陪护	20	
6	2014-12-25	徐**	代充煤气	10	
7	2014-12-28	陈**	房屋打扫	15	
8	2015-1-2	陈**	打扫	15	
9	2015-1-5	蔡**	打扫	15	
10	2015-1-7	徐**	代充煤气	10	
11	2015-1-8	徐**	代充煤气	10	
12	2015-1-13	蔡**	代购物品	5	

在平日里，服务站会组织一些社会工作者从事服务工作。除此之外，从事服务站养老助残服务的还有村内的理发师（提供上门理发服务）、卫生室负责人（提供上门出诊服务）、餐馆负责人（提供上门送餐服务）、浴室负责人（提供洗澡搓背、修脚等服务）等。被服务人员（以老人、伤残人员为主）可领取服务券，以抵销服务费用。

表5-2　2017年3月份服务券老人使用实际情况签收表（部分）

2017年3月份服务券老人使用实际情况签收表
2017年5月10日前到账

序号	老人及商户	服务人员及情况	金额(元)	签收情况
1	徐**（商户）	购物	180	
2	徐**（商户）	理发	94	
3	仰徐浴室	洗澡	90	
4	仰徐卫生室	出诊	70	
5	张**（老人）	陈**服务	20	
6	李**（老人）	陈*服务	40	
7	李**（老人）	陈**、陈*、李**、周**服务	120	
8	李**（老人）	李**、陈*、陈**服务	60	
9	李**（老人）	李**服务	20	
10	徐**（老人）	陈*服务	20	
11	徐**（老人）	陈**服务	20	

三、仰徐村健康养老志愿服务

早在2002年，仰徐村就开展了红十字活动。在镇党委、镇政府的领导下，在市、区、镇红十字会的指导下，在各界人士支持下，仰徐村先后开展了赈灾募捐（特别为汶川大地震、青海玉树地震募集善款近10万元）、动员志愿者参加无偿献血和捐献造血干细胞、纪念“5·8”世界红十字日、围绕主题纪念“12·1”世界艾滋病日、普及卫生防病和初级救护知识

▌敬老爱老活动现场（村委会提供）

以及开展“红十字博爱送万家”（组织红十字志愿者与孤寡老人、残疾儿童结对子帮扶）等活动，为村民所称道，赢得了各界人士的赞誉，提升了红十字会的影响力。

2009年1月，在镇党委、镇政府领导下，区、镇红十字会的组织指导下，仰徐村参与了红十字示范村创建活动。同月，仰徐村红十字会会员小组正式成立，产生了第一届红十字会会员小组领导集体，并建立了仰徐村红十字服务站。村党委和村民委员会对红十字服务站工作和此次创建工作十分重视，专门在村部办公楼3楼为村红十字服务站设置了办公室，区红十字会还为服务站免费配置了轮椅等器材。目前，仰徐村红十字会会员小组拥有会员309人，红十字志愿者服务队成员14名，志愿者急救队成员5名。

（一）服务理念和主要工作

仰徐村红十字服务站成立后，以红十字会会员和热心公益事业的广大志愿者为服务主体，坚持“携手为人道”的理念，弘扬“人道、博爱、奉献”的红十字精神，依法依章地开展保健、咨询、登记、募集、帮困、扶老、助残等服务，同时进行红十字基本知识传播，开展群众性的卫生救护培训、造血干细胞捐献、无偿献血、艾滋病预防、遗体器官捐献等科学知识的宣传普及活动，充分发挥了红十字服务站在基层的救灾、救护、救助等人道主义的服务作用。

（二）组织机构

红十字会设组长1名，副组长1名，成员5名，由李兆昌主任任红十字会会员小组组长，徐兆立任副组长，陈海萍、李小琴、周俊德、徐寿彭、徐文凤为组员，村红十字会志愿者为成员。在工作中，仰徐村红十字会每次活动能做到凡事由小组成员进行会议讨论，由徐兆立制订本年度的工作计划、活动方案，按部就班地进行活动；同时还设有红十字会办公室，将红十字会工作纳入中心村工作计划中，积极组织会员学习《红十字会法》，并通过橱窗、广播、条幅等多种形式，加大宣传红十字会力度，在会员心灵上播下“善良、友爱、互助、文明”的种子，让他们志愿加入红十字会组织，体现人间真情，感受大家庭的温暖。在与村委的交流中，村领导干部表示十分重视红十字会的工作，会定期协助相关工作，解决工作的困

改善村民住房条件现场（村委会提供）

难，使工作人员工作畅通无阻。

根据《红十字会法》《中国红十字会章程》等文件，仰徐村红十字会制定了各项规章制度（如组织、宣传、会议、活动、社会服务、会费管理、评比、奖励制度等），形成一系列的管理措施。为了切实提高管理水平和组织功效，便于经验交流，仰徐村红十字会还会对组织发展过程的经验进行总结，做好各种计划、总结、录像、图表、照片等资料的归档工作。在村委办公室相关电脑上存储活动资料、原始材料等文件，设立专门账户并建立会费台账，由专门人员管理会费及活动经费等各项开支，并向全体会员公布，做到“志愿热心、经费透明”。

（三）日常活动

一是进行红十字会基本知识培训。在创建过程中，村领导十分重视对会员的基础知识培训工作，组织大家学习《红十字会法》《中国红十字会章程》《会员手册》等红十字会知识。

二是举行现场救护技能培训。为了使会员们掌握救助救护的基本技能，适应社会日益发展的需要，仰徐村特请专人为会员们授课，在培训中讲授了止血、包扎、固定、搬运、心肺复苏等救助救护的基本知识。

三是开设传染病防治知识普及讲座。在“甲流”疫情严重的特殊时期，专业人员重点从疾病的传染源、传播途径、易感人群3个方面向会员们详细介绍了其主要感染源及症状，且就目前村民普遍关注的甲肝、乙肝、流行性感冒、禽流感、艾滋病等传染病的一些医学知识进行了详细讲解，用大量的统计数字和真实的病例教育他们如何养成健康的生活方式。这些活动，对于村民养成良好的卫生习惯，增强认识传染病、预防传染病的能力、提高自我防范的意识有着非常重要的意义。

四是开展特色活动，全员参与红十字会宣传的活动。红十字会在每年纪念“5·8”世界红十字日，都会开展送温暖献爱心活动，并且利用“五一”劳动节、中秋节、国庆节等时间带领部分会员深入群众，探望慰问军属、低保户、孤寡老人，为他们打扫卫生、整理环境。

06 乡村社区文化

中华民族文化博大精深，源远流长，民间风俗多姿多彩，变化万千。俗话说“十里不同风，百里不同俗”，不同的地域、气候就会产生不同的思维习惯和行为方式。民俗的魅力不仅在于表面的多样，更是因为带着乡土味儿、人情味儿，让我们感到亲切。

一、礼仪习俗

仰徐村虽是一个合并的村落，但对于传统礼仪还是传承较为完好的，其礼仪文化相当丰富，尤其是婚丧嫁娶方面的礼仪习俗。

（一）婚嫁礼仪

婚嫁是人生大事，俗称“小登科”，仰徐村村民都十分重视。封建社会论“门当户对”“听父母之命、媒妁之言”，从说亲到完婚，礼仪繁多，迷信色彩也比较浓厚。

旧时，仰徐村男女订婚，有“指腹为婚”“窝子里定亲”的说法，村里人称为娃娃亲。一般男女双方长到十八九岁就请媒说亲，经双方父母同意，由男女双方提供生日时辰，经星命术士（一般由算命瞎子）按年庚八字“合婚”，不相冲相克即可定亲，再行“下聘礼”。男方一般为女方送聘礼，聘礼有鱼、肉、粽子、糕、馒、团、水果、衣料、礼金等。男方回家时女方需回赠粽子、馒头101个，寓意“百里挑一”，同时赠送鞋、帽、袜，寓意“上下一条龙”，至此算正式订婚。

结婚由男方择定良辰吉日，同女方商定，备好衣料、首饰、礼金等钱物，约请媒人一道送给女方，同时将娶亲日子送给女方，称为“送日子”。此后双方筹办婚事，男方整理新房，女方筹办陪嫁，富人家有橱柜、桶、箱、被子，并在箱子里放上“压箱钱”（现阶段还有多种电器）。通常结婚时间为两天，现在也有3天的，第一天为“催妆”，第二天为“正日”。双方家庭都要宴请宾客，中华人民共和国成立前，有钱人家出行用轿子，穷人用船，现在条件好了，大多数人家用小轿车，有的小轿车达数辆。结婚当日新郎第一天到女方家领亲，也有的第二天去领亲的。新娘到男方家，必须在太阳未落前到家门，否则认为不吉祥。新郎去女方家，以及再到男方家，都要鸣放鞭炮，点烛焚香，敬天敬地。

新娘到男方家，会吃长寿面，拜见公婆亲友。公婆亲友包红包给新郎新娘，谓之“磕头钱”。当天晚上吃富贵面，由司仪主持拜堂后送入洞房。新郎新娘送入洞房后，当晚高潮又起，叫“闹洞房”。闹洞房时，不分尊卑长幼，都可以闹，村里人称“大闹大发，不闹不发”。闹洞房可以说花样百出，新郎的父亲、叔、哥弟都是调侃人选，有取来掏灰耙给新郎父亲扛在肩上，有在哥弟脸上抹脂粉，身穿红衣，头戴官帽，闹得欢天喜地，前仰后合，叫好声不断。现阶段闹新娘亦带时代气息，花样繁多，数不胜数。[1]古时“三朝”（到男方家第三天）新娘到厨房做菜，先煎豆腐后煮鱼，其意“富贵有余”。旧时新郎新娘满月“回门”（女子出嫁后首次回娘家探亲），现在当天新郎陪新娘到娘家去回门。

（二）喜庆礼仪

1. 生育

民间生育子女，自古以来称为“喜事”。仰徐村的习俗是在孕妇生产前，娘家一般把小人衣、鞋、袜、饰物、食品送女儿家，称为“催生”。产妇分娩后，需煮染红蛋，送往娘家报喜。孩子出生3天，请客吃“三朝饭”，向周边邻人赠吃糯米粥（也叫猫咪粥）或饼类。孩子百天时，家人会为孩子举行庆祝仪式，亲朋好友会携礼品前来祝贺，来人给孩子的礼物与

---

[1] 仰徐村村委会：《仰徐村村志·民间风俗篇·礼仪习俗之婚嫁》。

“百”字有关，意为“身体健康，长命百岁”。小孩过周岁称“度岁”，村民也较为重视。周岁生日当天，置办酒宴，请亲友赴宴，来人必备礼品、钱币来祝贺，男孩过周用笔墨、算盘等器物来试其聪贪廉智愚。周岁生日寄寓了人们对婴儿诞生的美好祝愿。[1]

2. 祝寿

祝寿称为“过生日”，仰徐村有“男做三十，女做四十”之说，一般从50岁开始过寿，百岁称为上寿，80岁为中寿，60岁为下寿。庆寿一般由子女出面举行，决定为寿星庆寿定日后，旧时为亲友发请帖，现在可以电话或口头邀请。亲友接请帖邀请后，应准备寿礼，按时赴宴。寿礼的范围较广，最常见的有寿面、寿桃、寿联、寿幛等。

主办庆寿的人家，应预先设寿堂，用红纸（讲究人家用红绸）请人写“寿”字或“百寿图”，两旁挂寿联，当晚设宴为寿星庆寿，当地人叫“暖寿”。晚宴后，暖寿开始，摆放香案、寿礼，焚香点烛，鸣放鞭炮。晚辈向寿星行跪拜祝福，寿星向后辈赠“叩头封子”。第二天为寿辰正日，宾客云集，向寿星敬祝词。席散后，主家向来客赠寿桃、寿馒、寿面，条件好的人家亦有赠寿碗、寿杯的。

仰徐村民间有过“九”之说，认为“十”意味“满”，满则“溢”，满又意味完结，为讨吉利，所以不少老人不在整周岁时过寿，而提到头一年，即虚岁满10岁过寿。

[1] 仰徐村村委会：《仰徐村村志·民间风俗篇·礼仪习俗之喜庆》。

（三）丧葬文化

仰徐村村民如需置办丧事，都是在自家宅中按照礼制，认真而隆重地举行。

1. 移寝与正寝

中华人民共和国成立前，民间丧葬礼仪烦琐。病人在进入弥留之际，即开始穿着寿衣（俗称“送老衣”，包括帽、鞋、袜）移卧设于正厅的尸床（男左女右）。寿衣为奇数，村人称为“五领三腰”，质料根据丧家经济情况而定，忌用毛皮。病人一经断气，尸体不再移动，将手脚理顺，头颅扶正，眼皮瞑合，并在床头设几供饭，设三酒盅（里面放米），用黄纸盖脸，叫“蒙脸纸”，另备一炷香置于亡者手中。尸床边置一瓦盆，在内烧化纸钱。在断气时要填寿纸一扎，寿纸上写逝者出生年月、住址，并写上所经之地，他人不及侵夺等语。男丧称寿终正寝，女丧称寿终内寝。

2. 报丧及治丧

人亡故后，家属立即奔告亲友，主要亲属派人前往（现在也有用电话联系）。因服丧守制，家中事务，不能兼顾，请五服内有经验长者做丧主，负责分配执事人员任务，料理家务，再请人挑选一块宝地作为墓地，请僧道念经放焰口、设置灵堂等，无须孝子操心。丧期中，孝子均须披麻戴孝，见长辈前来吊唁，均须下跪叩迎。

3. 小殓与大殓

人死后，尸身不宜停床太久，一般冬天不超过5天，夏秋2天左右，入殓后即人天永隔，有的子女赶不及回来，将棺盖暂不钉实，等出门子女回家见最后一面，此谓小殓。大殓即正式封棺，将孝子、孝孙头发剪下一撮，置主钉孔中，插上主钉。男丧由男家表兄或族长执斧，女方由女方兄弟或内侄执斧，在钉端敲3下，孝子们即大声呼唤“爹呀，妈呀，躲钉呀”，随后由工人继续施钉。封棺前有瞻仰遗容等仪式。人死后有家祭和公祭，家祭即五服内兄弟子侄等，公祭由单位集体公祭。

人死后即有送饭的习俗，三班四餐饭，第一次为光头饭，最后安葬了殓成。亡者埋葬后家中即立牌，3天后（亦有在当天），家中子女备饭供祭，焚化纸钱，修整坟墓，称为“复山”。

亡者从死之时起，每7天为一个七，至七七四十九日为“终七”。其间，五七为大七，六七（称六虞）这天亲友大集中，祭奠仪式较隆重，殷实富户，请和尚、道士念经放焰口，大摆宴席。

人死3年后，有“脱孝”之俗，届时将其灵牌焚化，亲属均除掉孝服，腰系一红带，丧户门上写大红对联称为“脱孝”。[1]

二、节庆文化

中华民族文化博大精深，源远流长，民间风俗多姿多彩，变化万千。俗话说“十里不同风，百里不同俗”，不同的地域、气候就会产生不同的思维习惯和行为方式。民俗的魅力不仅在于表面的多样，更是因为其带着乡土味儿、人情味儿，让我们感到亲切。[2]

（一）春节

古人云：“大冬大似年。”仰徐村在过了冬至后，村民都忙活起来了，

[1] 仰徐村村委会：《仰徐村村志 · 民间风俗篇 · 礼仪习俗之丧葬》。

[2] 仰徐村村委会：《仰徐村村志 · 民间风俗篇 · 岁时习俗》。

开始置办年货，卤鱼、卤肉、卤火腿、风鸡、灌香肠、蒸糕、米团、烤面饼等。春节前几天，家家都打扫卫生，俗称“掸尘”。腊月二十八晚上（俗称二十八夜），焚香燃烛供糖果，送灶君上天禀奏，糖果是为甜灶神的嘴，让他到天庭说好话，保地方五谷丰登。到了除夕夜这天特别繁忙，家家要贴春联，挂上喜气洋洋的年画，进行祭祀，给过世先人到墓地上烧纸钱。除夕夜吃过团圆饭后，长辈给小辈发压岁钱，焚香点烛敬天敬地，而后守岁纳福，有人整夜不眠（现代主要看春晚节目），也有人搓“元宝”（粉圆）、备糖果糕饼为大年初一亲朋拜年做准备。

零点过后，四面八方，爆竹声响起，此起彼落。起床后村民们先用糖或糖水放到嘴里，然后开始讲吉祥话，着新装，向长辈拜年，和同辈问好，相继开门放鞭炮，迎接新的一年到来。

早饭后开始相互拜年，逢人便说“新年好”“恭喜发财”“新年吉祥”“恭喜养儿子”“抱孙子”等吉祥语。大年初二后，人们互相走亲访友送礼拜年，备办宴席，招待亲朋好友，直到大年初十才逐渐平静下来。

（二）端午节

仰徐村村民每逢端午家家都包粽子，吃粽子，且门上插上艾条和菖蒲，以示怀念屈原，也有杀五毒之意。

旧时每逢端午节，仰徐村内未出嫁的姑娘还有绣香荷包的习俗，荷包的种类很多，有猴子、老虎、粽子、蒜头，惟妙惟肖，绣得好的荷包会得到旁人的赞许，姑娘也会被认为是聪明灵慧的女子，会引来诸多说媒提亲的人。

（三）七夕节

在七夕节当晚，仰徐村的姑娘们便会聚集到一起，在院中摆上水果，拿来彩色的丝线穿针，以表达美好的祝愿：祈求织女教她们做针线活，也期盼自己能有一双巧手。

（四）中元节

中元节这天，仰徐村家家户户都要祭祀祖先，以表达追思。这日中午，各家各户都要备上一桌丰富的饭菜，荤素搭配，并烧化纸钱。结束后，跪拜叩首祝告“保佑子孙平安发达”。

过去，村里稍微富庶的人家还会念经文、放焰口，现在这一习俗已经完全淡化了。

（五）中秋节

每到中秋节，仰徐村村民一般杀雄鸡、雄鸭、鹅，吃月饼，做圆面饼。晚上一家团聚吃团圆饭，赏月敬月。每家设一供桌，放上菱、藕、月饼敬月上老人。

（六）重阳节

仰徐村村民每到重阳节必须要做饼给大人小孩吃，村里有“吃过重阳饼，就把棉衣领”的说法。

（七）冬至

仰徐村有这样一种说法：“吃了冬至面，一天长一线，冬至开始，阳气渐长。”所以村民们把这天当作节日来过，祭祀祖先，以表达来年又是五谷丰登的美好期望。

三、谚语、歇后语、土语

（一）谚语

谚语是一种民间通俗文字，是广大人民群众积累下来的智慧结晶，它是人们表达思想的工具，具有一定的功能性、哲理性，给人以启迪，让人了解人情世态，非常值得玩味。谚语内容十分丰富，现集录如下：

私盐越紧越好卖；行船走马三分命；家有贤妻，丈夫不遭横事；一个说歪嘴，个个说歪嘴；宁娶大家奴，不娶小家女；家有黄金万两，不如日进分文；有钱不买半年闲；臭猪头遇到馋菩萨；三斤半鸭子二斤半嘴；烧香买，磕头卖；风吹鸭蛋壳，财去人安乐；客人不断行家路，女儿不断娘家路。

（二）歇后语

歇后语，俗称打比语，亦称俏皮话，通常只说上句，下句不说自解。歇后语有通用性和地方性的特点。语言口语化，生动活泼，明快俏皮，讽刺性强。仰徐村应用的歇后语较多，但与其他地方的歇后语相差无多。

（三）土语

仰徐村家乡土话很多，不胜枚举，具有明快、直接、俏皮的特点。现择录部分：

婶子——姑母；搭浆——马虎；相嘴——接吻；维私——结婚；拐

棍——手杖；溏鸡屎——稀的鸡大便；栽猛子——用头没入水中泅水方式；金箍子——金戒指；翻火板——指挑拨离间的人；淘箩子——洗米的竹器；洛子——手提东西的竹器具；冲根——后脑壳子；愣种——做事自不量力，开玩笑出手过重；吊膀子——指男女轻薄行为；孤老——妇女私交的男友；没头端——人落水看不到头；甩子——怕事、轻薄，说话做事不靠谱；挤鼻凑眼——谈话以表情代替部分言语，怕别人闻知；嚼头大头蛆——满嘴谎言；跷腿浪腿——坐姿不正，态度随便；大牌惹局——目中无人的样子；嘴尖毛长——好说闲话；瞎头闭眼——说话做事不分轻重或者不对路；一塌满河沙——凌乱不堪；淘气筒子——专门惹大人生气的小孩；缩头夹脑——形容怕事或怕冷的样子；眼泪巴沙——形容迎风或诉苦掉泪；眼锅腔——脸部很脏；没娘吊气——颓丧的样子；耳聋扯八——听力不佳，经常误会别人的意思；神气六国——得意忘形的样子；带哨子——讲话带脏话口头语；胡桃子——做人做事无分寸；寒碜——应酬时不大方，有失面子；促狭痨——骂阴谋损人的人；打平伙——共同出资会餐；害牙子——孕妇怀孕想吃酸甜食物；填房——续弦之妻；关目三——别出心裁、花样；翻逃子——因恐惧或某项工作不愿做而离开；三脚猫——虽有点技长但不专精；归真——一点不假；人来疯——儿童在客人面前调皮、撒娇的样子；屁精——指会专门拍马屁的人；拉哩拉瓜——不修边幅、衣衫不整；叽里咕噜——口中念念有话，别人听不清楚；嘴打锣舌打鼓——说东道西，不着边际很随便；蚀耗鬼骂——调皮而经常戏弄别人；偖大胡子——事情重要与否不放在心上；人物尊尊——一本正经的样子；刷括——美好的赞语；相呆——毫无目的看东相西，精力不集中；翻尸倒骨——寻找物品时弄得凌乱不堪；吹塘灰找裂麻缝——刻意找麻烦；拿蹩脚票子——故意刁难；倒咸菜根子——说别人从前丑事；打拦头板——阻止别人行动或说话（又叫泼汽水）；鸡蛋里挑骨头——想尽方法找别人麻烦；老干皮味——老气横秋，自高自大的样子；狗脸摘毛——话不投机，立即翻脸；冲盹——打瞌睡；熬灯着火——夜深不睡觉浪费灯油，可笑得很；背黑锅——指代人受过；醋坛子——喻妒忌行为；搭架子——妄自尊大；扯淡——胡扯；坍台——丢脸；半吊子——冒充内行，又指不通理；捅娄子——喻惹祸；拿乔——故意作态或表示为引人注意而抬高自己；从之——慢步走走；鸭屎臭——没面子或名声不好；缩头乌龟——遇事不肯向前的人；不是省油灯——指能干或不好对付的人；卡强——指办事不肯让人；蒙脸纸——人死后蒙在脸上的黄纸。[1]

四、道德文化

（一）道德讲堂

仰徐村在道德银行的建设过程中，经常组织“道德讲堂”来宣传道德教育，并且制定了“道德讲堂”管理制度：“道德讲堂”有专人负责日常工作；“道德讲堂”要按照市、区委宣传部，市、区文明办的统一部署，根据主管部门的具体要求，贴近单位的实际需求，在认真听取宣讲员意见后，安排好年度和月度计划；“道德讲堂”实行每月开讲制度，要因人、因时、因需制宜，精心策划好每堂课的内容和形式，并做好宣讲资料、音像图片的收集归类保管；“道德讲堂”要按照“从群众中来，到群众中去，让群众教育群众”的原则开展，经常做好群众身边新风尚、新道德、新事物的采撷提炼

[1] 仰徐村村委会：《仰徐村村志 · 谚语、歇后语、土语篇》。

工作，并安排宣讲员在“首时间”和“零距离”宣讲；“道德讲堂”要真心关心宣讲员，解决宣讲员的后顾之忧，确保宣讲员能专心备课、用心讲课、精心评课；“道德讲堂”要做到整洁、有序、文明、和谐，成为群众感受道德、践行道德、彰显道德的第一课堂。

对于道德讲堂的宣讲员也有着非常严格的规范，宣讲员要在统一安排下积极开展宣讲活动；宣讲主题要正确鲜明，具有时代性，要唱响和谐主旋律，弘扬社会文明正气，倡导好人有好报的社会主义核心价值导向。宣讲主题要积极向上，具有典型性。做到言之有人，讲之有情，道之有理；宣讲员要发挥自身优势，经常到群众中去采撷和挖掘身边的优秀道德故事，用最鲜活、最生动、最可敬的凡人善举，在道德讲堂进行宣讲；宣讲时要贴近群众的道德需求和心理需求，做到真实、真情、真诚，力求深入浅出、通俗易懂，使宣讲富有针对性、说服力和感染力；宣讲员要通过参加培训、自我学习、广泛交流等方式，不断增强自身素质，提高宣讲水平，使自己成为“予人玫瑰，手有余香”的高尚的人。

（二）先进事迹

仰徐村非常注重道德方面的宣传，村委会工作人员向我们提到每年仰徐村都会从众多的孝敬父母、好人好事等先进事迹当中挑选出几个进行宣传，一方面是宣传仰徐村道德文化，另一方面也为了鼓励更多的仰徐人提高自身素质，不断向道德优秀的人学习。

1. 陈林——敬老爱老先进事迹

仰徐村陈林一家有4口人，母亲年老多病，妻子、女儿外出务工。为了方便照顾年迈的老母亲，他放弃了外出务工的机会，只身在老人身边，用自己的一点积蓄买了辆电瓶车送客，以此谋生。母亲身体稍有不适，他就问医求药，递茶端饭，尽心尽力照顾老人。他常说："父母将我们带到这个世界上，倾注了大量的精力哺育、教导我们，作为子女，报答他们的养育之恩天经地义，孝敬父母更要尽心尽力。"[1]

2. 李凤英——邻里互助先进事迹

2015年夏天，因为邻居徐万全的家庭十分困难，家里主要劳动力均患病。作为他们的邻居，李凤英在大雨即将来临之际，帮邻居家抢收田间已经割好晒干的菜籽。在乘坐徐万全母亲驾驶的电动三轮车回来的路上，因为万全母亲驾驶技术不熟，电动三轮车侧翻，致使李凤英股骨骨折。受伤后，李凤英本人没有一句怨言，因为徐万全家的特殊情况，李凤英一家更是几次三番谢绝了徐万全家补偿的医疗费，一句"你家暂时困难，等你家徐杰结婚带我去吃喜酒就行了"更是体现了这两家之间的邻里之情。[2]

3. 李琴——好儿媳代表

李琴不仅与公公、婆婆的关系相处得好，对公公、婆婆的身体也特别关心，当听到公公身体不适时十分焦急，并多次劝说公公去医院检查。公公被诊断为结肠息肉，住院做微创手术时她都亲自陪护在床前，悉心照料。在公公病重期间更是不分日夜守候在床，只要是公公想到的，她就立即办到，从没一声怨言。在她公公离去时，她更是十分伤心。公公走了，李琴知道婆婆更需要子女的陪伴和安慰，因此她下班回来时总是先找到婆婆和她说说话、聊聊家常，夜里和婆婆在一张床上睡觉，并且还比以前更勤快，抢着做家务，不要婆婆做半点活，时间一长婆婆觉得闲得慌，便和邻居一起外出打零

---

[1] 仰徐村村委会：《2016年度"十佳敬老系列事迹"之敬老爱老先进事迹》。

[2] 仰徐村村委会：《2016年度"十佳敬老系列事迹"之邻里互助先进事迹》。

工。真是屋漏偏逢连天雨，婆婆在上工的途中不幸跌伤，疼痛难忍，李琴请来邻居帮忙，用车将婆婆送入医院诊治，经查确诊为腰椎骨折。如果保守治疗，婆婆将要躺在硬板床上2～3个月，并且愈合难料，如果进行手术治疗要花一笔不小的费用。李琴丝毫没有犹豫，决定选择手术治疗，就这样虽然多花了钱，却减少了婆婆的不少痛苦，几天就能下床活动了。[1]

4. 韦兆兄——为老服务优秀志愿者

韦兆兄多年来志愿为老人服务，老人衣服脏了主动给他们洗，三餐不全时请他们去她家吃饭。特别是最近一年来，俩叔公的房子搬迁，平时烧饭的厨房也已拆除，他们的生活就更没着落了。两个叔公一个在新宅基，一个在旧宅基，吃饭都要靠她供应，一日三餐不管是刮风下雨，还是严冬酷暑都要送饭。为了送饭，韦兆兄辞去了年薪4万多元的服装厂工作。不幸的是，2016年春天二叔公李兆竹患上病，开始以为得了一般的腹泻，经常弄脏衣裤，她都主动帮他清洗，并多次动员他去医院检查，经查被医院确诊为直肠癌。住院治疗期间，她二话没说，主动陪护在床前。在叔公病重期间，她没日没夜地服侍在床前，一天要有几十次帮他翻身，帮他擦洗。韦兆兄需要每天帮叔公更换便袋子，几个月来她毫无怨言，一直服侍叔公到生命最后一刻。[2]

[1] 仰徐村村委会：《2016年度“十佳敬老系列事迹”之好媳妇先进事迹》。

[2] 仰徐村村委会：《2016年度“十佳敬老系列事迹”之为老服务志愿者先进事迹》。

五、文艺活动

仰徐村的文艺活动是相当丰富的，仰徐村村民还自己创作出众多的歌曲、戏剧等节目，特别是在重要的传统节日，仰徐村文艺队不仅是在仰徐村表演，还会到周边街道或村镇进行演出，以展现仰徐村发展现状以及歌颂好政策、好风貌等。徐老村支书自己也写了一首歌，名字叫《夫妻双双逛新村》，其内容主要是歌颂在党的十八大精神的指导下，仰徐村发生了巨大变

仰徐村文艺活动现场（村委会提供）

化、村民生活水平提高等。

2010年，仰徐村修建了公园后，每当夜幕降临时，公园广场便灯火通明。老人、小孩、男女青年从四面八方接踵而来，人员不仅仅是仰徐村的村民，也包括仰徐村周边的居民，广场变得熙熙攘攘，有跳广场舞的，有高声歌唱的，也有讲故事谈古论今的，村民们精神饱满，充分体现了仰徐村村民们的精神文明风貌。

六、文化建设

（一）仰徐村文化室

为了提升村民的科学文化素质，丰富村民的精神文化生活，仰徐村在2005年建成了仰徐村文化室。文化室占地面积450平方米，内设图书室、电子阅览室、放像室、综合展示厅、棋牌室、乒乓室等各类文体活动室12个。目前，图书室藏书3000多册，内容包含政治、历史、科普、法律、文学、教育、医学等，报纸期刊10多种，电子音像制品100多张，还配备了投影仪、DVD、电脑、音响等设备。村文化室每年举办文娱会演、拔河比赛等活动，丰富了广大村民的文化生活。

仰徐村文化室已成为村民们吸取知识、传送信息、勤劳致富的桥梁，为新仰徐提供了文化支撑，也为仰徐的文化建设做出了应有的贡献。

（二）图书室

为进一步满足村民学习政治、经济、科技等文化知识的需求，仰徐村于2010年办起了仰徐图书室，也称为农家书屋。图书室共投资5万元，室内面积达60平方米，有多层单面书架，室内藏书近万册，内容涉及广泛，有政治学、经济学、哲学、科技、历史知识、古今小说、文艺等，基本上满足村民阅读所需。[1]

图书室设立了严格的阅览规则，村民阅览图书需要遵守制度：图书室实行开架阅览，仰徐村村民均可凭本人借阅证阅览；读者入室阅览应讲文明礼貌，穿着整洁，读者应自觉保护图书、报刊、桌椅、灯具、报架等设备，如有损坏照章赔偿；读者选取出版物，请按原排列顺序取放，保持座位整洁；读者阅览每次限阅出版物一册（张、盒），以免影响他人阅览；闭屋前10分钟读者应主动归还所借出版物并放回原处；部分出版物只限屋内阅览，不准携带出屋。

图书室还设立了借阅制度，村民还可以利用业余时间借阅。凡仰徐村村民一律凭本人借阅证，进入书屋阅读，借阅证仅限本人使用，不得转借他人或委托他人代借代还图书。冒用他人丢失的借阅证，按偷书处理；爱护图书、防止丢失，严禁在书中圈画、批注、撕页，污损。对于已损坏或丢失的图书，原则上要求购买一本相同的图书归还；借阅图书时，应当面详细检查，如发现有圈画、批注、撕页、污损等现象，及时向书屋管理员声明，由其做出标记；图书借阅后请按期归还，凡逾期未归还者，视为超期。超期、逾期不还者，每册每天收取管理费0.1～0.2元；选书时，请注意保持图书的排架顺序，阅后请放回原处；大型工具书、图册、画册限在室内阅览，一律不外借；请保持室内安静整洁，严禁在书屋内接（打）电话、大声喧哗、吸烟、乱扔杂物、违者按有关规定处理。

[1] 仰徐村村委会：《仰徐村村志·文化事业篇》。

图书室的工作规范：一是以读者第一为宗旨，不断地改进服务态度，钻研业务，提高服务水平。二是认真管好图书室内的文献资料，充分发挥图书的作用，最大限度满足农民群众的需要。三是充分利用远程教育网络，使农民群众迅速获得信息资源。四是保持室内清洁卫生，严禁在室内吸烟，注意防火、防盗、防霉、防蛀。

（三）广播放大室

仰徐村建立了广播放大室，安装了一台较先进的电子管放大机，并安装了喇叭，设备配套完整、功能齐全、性能良好、有专人负责。村领导利用广播这一块阵地，及时传达党的政策，宣传村中心工作的意见和开展学雷锋活动，对文明新风、新人新事进行精神表扬，村民的道德水平进一步提高，充分发挥了广播阵地的作用。

07

乡村教育

仰徐村历史悠久，文化底蕴深厚，人才辈出，闻名乡里。明清时期有太学生徐廷禄、徐滕章署山东历城县知县，太学生徐增福任江西省南昌县教谕。就当时的历史环境和条件来说，能读到“太学”并非易事，对一个偏僻的农村来讲，是非常了不起的事，足见当时仰徐先民对教育的高度重视。

仰徐村历史悠久，文化底蕴深厚，人才辈出，闻名乡里。明清时期有太学生徐廷禄、徐滕章署山东历城县知县，太学生徐增福任江西省南昌县教谕。就当时的历史环境和条件来说，能读到“太学”并非易事，对一个偏僻的农村来讲，是非常了不起的事，足见当时仰徐先民对教育的高度重视。[1]

一、学塾教育

仰徐村村民对教育一直非常重视，中华人民共和国成立前，尽管政治地位低下，经济状况落后，但对教育从来没有放弃，总是把教育放在重要位置，坚守耕读两行。经调查了解，中华人民共和国成立前仰徐村办学模式大体有两种：一是私人办学，自招学生，经费由学生家长供奉；二是富人办学，特聘学识渊博的儒师来教授自己的子女，同时吸收部分亲友子女陪读，所用教材有《百家姓》《三字经》《论语》《孟子》《神童诗》及经书等作为必修课，用“礼、义、廉、耻”作为学生的行为规范。

经调查了解核实，中华人民共和国成立前曾在仰徐任教过的塾师先后有10多人，他们是徐义秀、韩守玉、徐家鼎、徐土淦、孙伯炎、徐志春、徐文魁、陈效良、李锡恒、孙立朝等人。这些人绝大部分都是饱学之士，学识渊博，德操高尚，尽心尽责传授学业，尤其是塾师徐文魁同志，学养深厚，知识广博，一边教书，一边从事党的地下工作，搜集敌人情报，后投笔从戎，参加革命，加入中国共产党，为我国抗日战争和解放战争的胜利做出了卓越贡献。

[1] 仰徐村村委会：《仰徐村村志 · 教育篇》。

百年大计，教育为本。中华人民共和国成立后，仰徐村的教育事业不断发展壮大，形成良性发展势头，为满足广大贫苦农民的文化需求，仰徐村先后于1950年办起一所公办初级小学，1964年办成有6个班的完全小学，1964年办起了仰徐初级中学（先锋农业中学），1977年根据上级要求又增设了一所仰徐高中班（招收两届学生，共120余人）。仰徐村扫盲教育、幼儿教育、成人教育相继开展，为国家输送了大批人才，为地方经济发展提供了人才支撑。

二、扫盲教育

中华人民共和国成立前，人民生活在水深火热之中，政治地位低下，绝大部分贫苦村民，几乎享受不到受教育的权利，造成了许多文盲和半文盲。当时仰徐村全村总人口800多人中文盲占有率在60%以上，青壮年文盲和半文盲比例较高。

中华人民共和国成立后，党和国家十分重视扫除文盲工作。1951年，中央提出扫除青壮年文盲的号召。1952年，各区、乡掀起大办冬学热潮，村村有冬学、扫盲识字班、见物识字等。扫盲教师由有一定文化水平的人担任，仰徐村扫盲教师由徐文吉、徐立权、周俊良等人担任。与此同时，仰徐村学校所有教师都负有扫盲责任，教学形式坚持“忙时少学，闲时多学，白天少学，阴雨多学”，主要以夜校为主，扫盲经费由国家和大队共同负担，教材以扫盲识字课本为主，这项工作在1957年至1960年间轰轰烈烈开展，后停顿。

1973年各级党政机关对扫盲工作又重新重视起来，扫盲工作纳入大队和学校考核的主要内容，经过多年努力，至1978年，仰徐村扫盲任务基本完成，经区验收扫除文盲率达98.5%以上。

三、幼儿学前教育

“传播科学育儿知识，培养健康的孩子”。幼儿教育亦称早期教育、学前教育。孩子的早期阶段是人生的关键阶段，在这个阶段给予适当教育可充分开发孩子的潜能，提高孩子的认知能力和语言表达能力，启发孩子的求知、探索精神，早期教育对孩子的智力开发、品格养成乃至成人成才至关重要。

仰徐村的幼儿教育起步较晚。1980 年秋，为了解放青壮年妇女劳动力，在上级教育部门的要求下，仰徐村首先办起了一个幼儿班，生源20多人，并聘用经过专业培训的幼师周金凤任教。幼儿班附设在仰徐学校，由学校统一管理。由于当时办学条件较差，没有桌凳，均由幼儿自带。刚开始教学时，幼儿班没有教材，只教简单的阿拉伯数字和汉字，唱唱儿歌，跳跳舞。到了1984年，幼儿班人数增加，由一个幼儿班发展到两个班，生源达到60多人，幼师又增加了徐琴、周亚萍等人。幼儿教育办班经费和幼师工资，均由村支付。

1986年由村自筹资金，在原仰徐校园东侧建起了一座规范幼儿园，建有5间校舍，其中教室2间，办公室1间，校舍四周植栽了绿化，园内增设了滑梯、索桥、转椅等设施，以及教学所需的风琴、电子琴、语言放音器等教学设备，形成了一个良好的教学环境，学习环境使幼儿安心，家长放心，幼儿入园率达100%。

1988年，仰徐小学和中学合并，幼儿亦同时迁至中学校区。在此期间，该片区祁庵、东陈、李梅、新徐、徐韦、吴舍各所在村幼儿班同时撤销，并入仰徐幼儿园。生源剧增，幼儿生源达193人。为了适应入园需求，仰徐村新建了新园，共两幢14间，其中设教室4间，休息室3间，办公室1间，食堂1个，教职工12人，其中教师8人，园长由徐宝华担任，师资质量较高，绝大部分幼师都受过专业培训。幼师人均月工资1600~1800元，经费来源由收取幼儿入园费解决。园长徐宝华，教师徐娟、韩秀、孙来娣、韩玲玲等8人都具有专业文化水平，教学能力较强。在此期间仰徐村幼教事业呈现良性发展趋势，蓬勃向上，为解放广大妇女劳动力做出了巨大贡献。

四、普通小学教育

仰徐村是马沟南先锋片的中心村，村支部和村委会历来对教育工作十分重视。1950年，仰徐村办起一所公办小学，刚开始只有1~3年级，学生近50人，分设2个班，教师有吴海林、徐文运，一公办教师，一民办教师。随着学生人数的不断增加，1958年，生数达近200人，学校增至1~5年级共5个班，在仰徐四组场头建起2幢校舍，校长先后有王龙华、李兴吾，教师有王欣才、陆铭、徐文运、徐荣昌、李乃培、夏祝香等人，其中公办教师占半数以上，其余为民办和代课教师。

1966年“文革”开始，仰徐教育事业受到冲击，教育质量严重下降。1969年学校下放到农村大队办。十一届三中全会后，仰徐教育又得到恢复和发展，仰徐小学转为完全小学，发展到1~6年级共6个班，教师增至12人。

1976年仰徐小学与仰徐中学合并。2000年，新校址建在仰徐四组生产河

仰徐小学（村委会提供）

东，仰中河中部河南，仰徐小学先后由薛粉翠、周俊良、徐兆来、陈红霞任校长，负责学校全面工作。这期间教师有李乃玉、王成华、智阿庚、唐守余、陈风余、郑如祥、李甫、孙春潮、李金宝等人。2002年仰徐小学再度和仰徐中学合并，迁至仰徐村第二组马中河东，中学校长王广勇负责中小学工作，陈红霞任副校长，具体分管小学教育教学工作，教师有孙春潮、李继友、李乃玉、黄传龙、孙泳滨、徐怀宝、陈学桂、唐守余等人。

五、初高中教育

（一）初中

随着中学教育事业的不断发展，原马沟公社只有一所学校。因中学生人数的增加，马沟中学无法解决全镇初中学生入学需求，经县教育行政部门批准，马沟公社党委政府同意，于1964年秋，在仰徐先锋片办起了先锋农业中学，校址设在仰徐，当年招生一个班，学生50多人，校长由公社扫盲辅导员董龙干兼任，教师有王俊图、徐占桃等人。办学伊始，借用仰徐一组徐兆兵、徐文魁家民房为学校办公室。1966年春，徐荣昌调到先锋农业中学任校长，在仰徐三组东南角仰徐前港北，新建8间校舍，砖墙草盖，3间教室，1间办公室，同年秋招收初一学生116人，共2个班，生源主要是先锋片及郭猛镇和潘黄街道的部分学生。学校还为学生开辟实习基地，种植薄荷、棉花。

1974年，先锋农业中学同仰徐小学合并，迁去仰徐小学，在原小学两幢教室的基础上，又新建一幢教室，学生250多人，由原2个班发展到6个班，其中，初一、初二、初三各2个班。

1984年秋，仰徐村初中同小学再度分开，迁址至仰徐马中河东，重建3幢校舍，每幢8间计24间，办公室5间，宿舍4间，食堂4个，门面房9间，厕所2间，建筑面积1500多平方米，占地面积20余亩，四周有围墙护栏，学校建有曲桥、鱼池、亭阁，一年四季绿树成荫，花香四溢，环境优美，风景宜人，是一座花园式的学校。从1984年到2004年，学校校长先后由徐德章、徐其桂、张国良、王顺宽、徐大勇、王广勇等人担任，教师20多人。2004年，仰徐初中撤销，学生转去马沟中学。

仰徐初中从1964年创办至2004年，学校走过40年历程，完成了它的历史使命。

（二）高中

1976年起，我国教育事业进入了蓬勃发展时期，也是教育事业发展的黄金时代，广大农民对接受文化教育有着迫切需求，各类学校如雨后春笋般兴起。1977年秋，为适应高中生入学需求，仰徐初中增办了高中班，附设于仰徐初中，同年秋招收一个高中班共64人，生源主要来自先锋片10个大队及合心大队和郭猛部分学生。1978年继续招收一个班，学生近50人。1981年秋，高中班撤销，学生转去马沟中学。这一期间，学校初高中校长由唐玉祥同志担任，教师由4人增至8人，教师有徐定远、陈留、陈国、张文琪、李继海、徐其桂等人。高中班始于1977年，结束于1981年，仅存4年时间，但对当时仰徐村的教育发展却起到了积极作用，为国家输送一大批人才。

六、成人教育

仰徐成人教育始于20世纪80年代。随着仰徐村农业技术的不断推广，村民希望学习科学文化知识，接受法律法规教育，由此，仰徐村先后办起了“农民学校”“老年学校”“法制讲堂”“道德讲堂”等，对全面提高干部群众综合素质，推进“两个文明”建设，提升人的思想道德觉悟，发挥了巨大的作用。为了推进这些工作卓有成效地开展，村里成立了相应的领导班，制定了一系列制度。

附：仰徐村特色教育制度——校外辅导站制度

为了促进仰徐村教育事业发展，协助学校开展各项活动，仰徐村制定了校外辅导站制度，建立了校外辅导站，对学生展开校外培训。在日常工作中，校外辅导站设置了各类法制宣传骨干培训班或有关法律专业的岗位培训，帮助学校开展了依法治校活动，制定了各项管理制度，把学校各项工作纳入了法制化管理轨道；参与了学校制订德育工作计划的工作，指导了德育教师业务，把法制教育、德育教育结合起来，开展经常性的法制教育；深入学校和青少年比较集中的场所开展调查研究，调查影响青少年健康成长的不利因素，向有关部门提出了治理意见，并落实了预防青少年违法犯罪的各项措施，帮助学校做好“双困生”和有劣迹学生的教育转化工作；大力宣传《宪法》《国旗法》《义务教育法》《教师法》《未成年人保护法》《预防未成年人犯罪法》等与青少年健康成长和教育教学相关的法律法规知识，提高了广大师生员工的思想认识水平和法制观念。

在校外辅导站的工作中，校外辅导员担任了重要角色，发挥了重要作用。校外辅导员是在校外辅导站工作的专门人员，他们与学校保持密切联系，了解学生的思想动态，配合学校对学生进行法制宣传教育、思想道德教育；经常对学校周边进行安全检查，走访学校、家长，了解学校周边的治安现状，并督促采取相应的对策，落实整改措施；一旦发现学生有抽烟、上网、带手机、骑电动车和摩托车上学、闯红灯等不良行为，予以制止教育，并将情况及时反馈给学校或家长；对学校及周边有同学相互打架或有社会上不良青少年骚扰滋事、欺负同学、敲诈同学财物等行为，及时与学校或公安机关联系，减少了安全事故的发生；经常在双休日、节假日以及上学、放学等高峰期进行巡视，预防安全事故的发生；并配合学校做好思想道德、革命传统、爱国主义、遵纪守法等教育以及开展忆苦、节俭、亲情、感恩、公德等方面的主题教育，有利于学生品学兼优，全面发展。

08

乡村治理

仰徐村民主选举的程序不断规范，民主决策的机制逐步健全，民主管理的程度不断提高，民主监督的形式也逐步完善；村民自我管理、自我教育、自我服务、自我监督的机制不断优化；村民的事村民定，村民的事村民管，大家的事大家办的良好氛围逐步形成。村民自治制度的实施，大大激发了广大农民群众的政治热情，调动了村民民主参与的积极性，为农村基层民主法治建设打下了广泛的群众基础。

一、村民自治

随着《村民委员会组织法》的深入贯彻执行，以民主选举、民主决策、民主管理、民主监督为核心内容的村民自治制度在仰徐村全面展开。仰徐村民主选举的程序不断规范，民主决策的机制逐步健全，民主管理的程度不断提高，民主监督的形式也逐步完善；村民自我管理、自我教育、自我服务、自我监督的机制不断优化；村民的事村民定，村民的事村民管，大家的事大家办的良好氛围逐步形成。村民自治制度的实施，大大激发了广大农民群众的政治热情，调动了村民民主参与的积极性，为农村基层民主法治建设打下了广泛的群众基础。

（一）组织健全，责任落实，奠定村民自治基础

坚强有力的组织机制，是凝聚合力、构建和谐、科学发展的关键所在。村民委员会、调解委员会和治保委员会、计划生育委员会、公共卫生委员会、社会福利委员会等群众性自治组织皆由村民普选产生。在村务具体工作中，仰徐村"两委"班子充分认识到强化"四有一责"在社会主义新农村建设中的重要作用，健全以党组织为核心，村民自治组织为主体的新型管理服务体制。根据上级要求和村情，设立综治办、管理服务站、警务室、监控室、司法站、调解室、信访接待站等多位一体的职能办公机构，且建立健全民情信息网、矛盾调处网、治安防范网三大网络，有效解决"有人办事、有钱办事、有场所办事"的问题，奠定村民自治基础。

1. 民情信息网

按生产和生活功能，把全村划成5个民情信息网格区，每个网格区划分

4～10个网格，每个网格物色1名民情信息员，制定制度，落实任务。民情信息员应及时收集信息，做到情况早发现，问题早处置，一旦发现情况，15分钟之内相关人员赶到现场，并且将全体村组干部结合到每个网格区、每个网格，“五亮五比”（亮身份、亮区域、亮职责、亮承诺、亮点评，比素质、比干劲、比奉献、比创新、比作风）赛高低，主动接受村民监督。

2. 矛盾调处网

仰徐村成立人民调解委员会，建有规范化调解室和杨乾广个人调解工作室，平时采用庭式调解与简易座谈式调解相结合的方式进行调解。此外，每个生产组建有调解小组，每10户落实1名调解员，达到人员、制度、报酬三到位。

3. 治安防范网

仰徐村建有警务室，在村部、交通要口、居住区、工业集中区、高效农业区还安装了视频监控，村民以相邻的10户为单位，家家设置报警装置，警务室设置平台，1户求助，10户响应，警务室实时接警，10户联防全覆盖。同时充分发挥党团员、干部、村民代表、“五老”的作用，每人一只红袖章、一个口哨、一只电筒，每班一本记录本，协助辖区民警、联防队员参与义务值班巡逻，真正实现人防、物防、技防一体化，确保一方平安。

（二）制度完善，管理规范，村民自治依法高效

1. 制度完善

仰徐村坚持以制度入手，深入推进村民自治工作。尤其是在“民主法治示范村”建设的工作中，仰徐村依法制定并完善选举、村民会议、村民代表会议、议事、决策、村务公开、理财、审计等制度，重新修订了《仰徐村自

治章程》和《村规民约》，达到以制度管人管事，确保村民自治依法高效。

2. 管理规范

仰徐村村民自治管理规范，每年在年初和年末都坚持开好两个会，一个是年初的党务、村务工作报告会，提出全年的工作目标、具体任务，且全面征求全体村民意见。另一个是年末的工作总结会，向村民报告全年工作情况、目标任务完成情况，且请全体村民审议涉及村组集体财务支出，保障村民的民主权利，让群众当家做主。

3. 全面公开

为确保村民的知情权，减少干群之间的猜疑，仰徐村多年来一直坚持将党务、村务全面公开。年度经济建设目标、社会事业项目、村级人事、干部工资、人员使用、实施项目、计划生育指标安排、救灾救济款的发放、特困户的申报、集体收入和支出等都在村务公开栏或召开村民代表会议时一一公开，由村务公开小组监督。全面推进民主管理，不断健全民主监督、民主决策制度，切实加强了村务公开和财务管理规范化力度。

4. 民主评议

为加强村民对村干部的监督，仰徐村一方面制定了“三从”“五不”制度。“三从”即生活待遇从低要求，工作条件从俭要求，个人问题从严要求；“五不”即不到村民家中吃喝，不收受贿赂，不向企业伸手，不多占宅基地，不截留分配物资。另一方面每年年中和年末，村班子成员向全体村组干部和村民代表述职，由村民或村民代表对村干部进行评议打分，并征求全体村民对村班子工作的意见和建议。被评为不称职的村干部由村民代表跟踪监督，3个月后再进行述职和评议，如下次评议仍不称职的，建议召开村民大会依法免职。通过民主评议，提高了村民的民主参与意识，加强了民主监督效果。

二、乡村法治

仰徐村所要建设的社会主义新农村，是生产发展、生活宽裕、乡风文明、村容整洁、管理民主的新农村，也就是繁荣富裕、民主法治、文明和谐的新农村。实现这一目标离不开民主法治，它是推进依法治国基本方略实施、建设社会主义法治国家的一项基础性工作。在经济和社会事业健康发展的同时，仰徐村深入开展法治文化示范点创建活动，创立道德银行管理模式，建设特色法治文化广场，开展法制宣传教育活动，取得了一系列可喜的成果，先后被评为“全国文明村”“全国民主法治示范村”的光荣称号。

（一）健全制度，创立道德银行管理模式

把道德存进银行，把诚信存进银行，把善举记录存进“人品账本”，存储奉献、收获财富。这是仰徐村道德银行的做法。通过小小一本“道德存折”，优化村风民风，推进法治社会建设，弘扬社会主义道德风尚。

为进一步加强村民思想道德建设，推动全村政治文明、物质文明、精神文明协调发展，从2003年开始，仰徐村积极推行道德银行管理模式，制定《道德银行实施细则》，并于2005年、2010年两次修订考评细则，提高道德银行的可操作性，具体细化为开会学习（6分）、遵纪守法（20分）、履行义务（16分）、计划生育（10分）、环境卫生（10分）、爱护集体（10分）、团结互助（10分）、造林绿化（6分）、勤劳效富（6分）、移风易俗

（6分）10个方面共100分；参照银行的形式，以户为单位，每户作为道德银行的一个储户，单独设立账户；采用量化积分的方式对农户平时表现进行打分，考核分直接记入储户户头；成立5至7人的考核评审领导小组，负责日常考核和季度评审，考核实行平时情况记载与走访调查相结合、考核评比与村民代表评议相结合的原则；考核结果作为当年“十星级文明示范户”评比的主要依据。这一举措加大了“村规民约”执行力，扩大了“技能致富”普及率，提升了“共建仰徐”参与率，使得农民素质有了质的飞跃。

每年年底，村委将会按照百分制考评支付管理规定，在年终总结表彰大会上，对道德银行管理模式下的评议结果进行奖惩（见表8-1）。

盐都区潘黄镇法制宣讲团宣讲现场（村委会提供）

道德银行

表8-1 道德银行管理模式奖惩办法

情况	奖惩办法
考评分达100分的家庭	披红挂花，村“两委”颁发“道德模范家庭”奖牌，并奖励现金300元
考评分达90分及以上且在2、3、4条为满分的家庭	村“两委”发“道德先进家庭”奖牌，并奖励现金200元
考评分达80分及以上且在2、3、4条为满分的家庭	通报表扬，并奖励现金100元
考评分80分以下的家庭	通报批评，并取消享受村级一切福利待遇（包括水、电、气、道路、信息、通信、有线电视、合作医疗及老人丧葬补贴等）

注：资料来源于仰徐村《道德银行实施细则》。

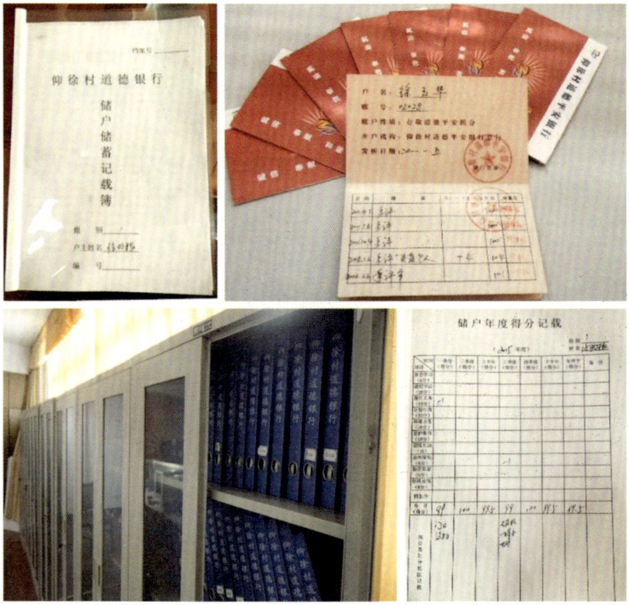

道德银行储户储蓄记录载体

道德银行管理模式设有5到7人的考核评审领导小组，组内又分为存储部、评议部和支取部，3个部分各司其职，共同领导道德银行的管理工作，同时受全体村民监督（见表8–2）。

表8–2　道德银行考核评审领导小组及其工作职责

管理部门	工作职责
存储部	1. 核实储户提交相关资料的真实性、完整性、规范性，负责根据已审核的账户资料开设和管理账户。 2. 负责储户道德积分存储业务，将储户所获的道德积分进行登记并存入储户账户。 3. 负责做好本部门业务档案的收集、整理和管理工作。

续表

管理部门	工作职责
评议部	1. 根据平时评议记载与走访调查情况，对照百分评议存储细则，做好储户的综合评议和星级评定工作。 2. 坚持评议、审核与村民代表评议相结合，评议结果张榜公示，接受群众监督。 3. 对储户道德积分进行汇总、结算，为进行年终兑付提供准确依据。 4. 负责做好本部门业务档案的收集、整理和管理工作。
支取部	1. 负责储户道德积分的记录、统计以及管理工作。 2. 负责储户道德积分奖励与兑付支取业务。 3. 负责本部门业务档案的收集、整理和管理工作。

注：资料来源于仰徐村《道德银行实施细则》。

道德银行将依法治村与以德治村有机结合，大力倡导“文明礼貌、助人为乐、爱护公物、保护环境、遵纪守法”的社会公德和“尊老爱幼、男女平等、夫妻和睦、勤俭持家、邻里团结”的家庭美德，以个人素质的提高带动村风民风的持续好转，全村形成了“敬老尊老、邻里团结、民风淳朴、村容整洁”的良好氛围。2015年2月，仰徐村道德银行被评为盐城首届十大法治事件之一。

（二）用活载体，建设特色法治文化广场

随着法制宣传的不断深入，按照法治文化示范点的要求，仰徐村投入近50万元，依托农民公园建设高标准的“法治文化广场”，广场内设石刻法制宣传标识、石刻伟人语录、石刻格言警句共18块，均匀分散安置在广场草坪上；同时设有法制宣传栏，精选法制宣传栏内容，图文并茂、新颖通俗，定期更新，造浓法制宣传氛围，寓法制教育于休闲、欣赏、健身之中，成为仰徐村法制宣传重要阵地之一。

仰徐村“两委”定期在法治文化广场开展法制宣传活动、上演法治文艺节目、放映法制电影，充分发挥法治文化广场载体作用。一是组织学习教育。凡村“两委”和组干部、18～60岁的村民，每年的“12·4”法制宣传日必须全体参加一次活动。通过开展“送法下乡”“法律进村入户”以及广播电视、报刊、法治文艺等多种法制宣传活动，提高了广大农民的法律意识。同时热情接待潘黄街道、盐龙街道、新区的学生学习参观。二是聘请专家普法。仰徐村针对村民的法律法规知识的需求，每半年一次聘请区、街道法制宣讲团到村法治文化广场开办讲座，并当场设咨询台，解答村民提出的相关法律法规问题。此外，仰徐村几年来先后投资20多万元，将村部大会堂

仰徐村法治文化广场景观（村委会提供）

更新改造成了“法制大学堂”，新开辟了村广播室和法制宣传栏，购买法制图书500多册，新办座椅600张，在荣泰大道两旁电线杆上增设悬挂法制宣传的警言格语导旗100面，建成了村级法制宣传大道。经过多年的全民法制宣传教育，以《宪法》为核心，以《农业法》《村民委员会组织法》等为重点，一系列与农民生产生活密切相关的法律法规得到普及，农村广大干部群众法律意识和法治观念普遍增强。

三、党员队伍建设

仰徐村坚持以习近平新时代中国特色社会主义思想为指导，按照围绕中心、服务大局、拓宽领域、强化功能的要求，以保持党的先进性为主题，以建立社会主义市场经济条件下，基层党组织实现好、维护好、发展好人民群众根本利益为新的方式和途径，以保持同人民群众的密切联系为核心，从明确工作职责、改进工作方式、加强自身建设、改善工作条件等方面推进创新，增强基层党组织的影响力、凝聚力和战斗力，努力把仰徐村基层党组织建设成为贯彻习近平新时代中国特色社会主义思想的组织者、推动者和实践者，为构建现代化、田园式、和谐型的“苏北第一村”战略目标提供坚实的组织保证。

（一）践行“两学一做”学习教育

仰徐村党委扎实开展“两学一做”学习教育，在真学实做上下功夫见成效，深入推进“两学一做”学习教育常态化、制度化。党委按照分层分类推进“两学一做”学习教育的要求，在做好“学、做、改”3个规定环节的基础上，全力打造“特”这一创新动作（见表8-3）。

表8-3　农村和社区“两学一做”学习教育安排表

项目	工作内容	主要措施
学	农村党员重点学习习近平总书记关于“三农”工作的重要讲话精神和各项惠农政策；社区党员重点学习习近平总书记关于城市建设、创新社会治理、促进社会和谐建设的重要论述。	1. 开展线上线下自学。在线上，用好远程580服务平台、“盐都党员e站”微信公众号等载体，开展网络自学；在线下，党支部结合实际，编印通俗易懂的教材并下发辅导学习，党员要做好自学笔记，每月撰写1篇学习心得。 2. 科学安排集中学习。结合基层党组织统一活动日，科学安排党员大会、支部委员会和党小组会，进行集中学习；在活动日前，先召开支委会，研究确定学习主题，做到支委先学一步；活动日当天，以党小组或支部为单位组织开展集中学习，对年老体弱党员，党组织要送学上门。 3. 常态开展党课教育。党支部每季度开展党课不少于1次，联系点党员领导干部到村（社区）讲党课，村（社区）党组织书记带头讲党课，鼓励普通党员联系实际讲党课，党员认真参加“我为创新、富民做什么”专题讨论。
做	建立健全“做”的载体和平台，广泛开展无职党员“十项承诺”“真情家家到、争当五大员”“先锋创富”等活动，引导党员发挥先锋模范作用。	1. 开展无职党员“十项承诺”活动。围绕公益事业、结对帮扶、纠纷调处等内容，每名无职党员都要结合自身实际，选择一项承诺内容，通过“选诺定诺践诺”，发挥先锋模范作用。 2. 开展“真情家家到、争当五大员”活动。建立镇、村两级党员干部责任区，引导党员干部直接联系服务群众，党员每季度至少联系服务群众1次，全年不少于4次。 3. 开展“先锋创富”行动。党员带头到远教终端站点学习电商创业知识和上机操作，每季度评选“远教电商创富标兵”，支部要结合村情帮助建立各具特色的电商项目，年底前做到村居电商普及率100%。

续表

项目	工作内容	主要措施
改	着重解决党员先锋模范作用发挥不好、参加封建迷信活动、不按规定参加党的组织生活、不按时按标准交纳党费等问题，“两委”班子成员还要查摆有没有优亲厚友、假公济私、损害群众利益等问题。	1. 列出“三项清单”。结合2016年度民主生活会、组织生活会查找出的问题，分别列出问题清单、责任清单、任务清单，实行销号管理，党支部要跟进采取措施，对党员“三项清单”整改情况开展常态督查，确保整改到位。 2. 建立健全相关制度。把“两学一做”纳入“三会一课”等基本制度，建立完善书记年度履职情况报告评议，党务公开。党员组织生活考勤、请销假、会议记录、无职党员设岗定责、公开承诺践诺等制度。
特	从基层支部，支部书记和党员3个维度，开展“三个特色”创建活动。	开展“三个特色”创建活动。结合单位实际，创新一项以上的特色亮点工作，即“支部特色案例、书记特色党课、党员特色故事”，介绍新鲜经验和特色做法。在“七一”和年终，开展相关特色创建评选表彰。

1. 开展“创先争优”激励活动

为做好“创先争优”工作，围绕“增加农民收入”，按照“五个带头”的要求，仰徐村党支部提出通过设岗定责、依岗承诺和帮扶激励等形式，在干部、党员中广泛开展“一带十、比和谐、比致富、落实承诺、落实监管、落实奖励”活动，即“一带二比三落实”活动，着力增强党组织及党员干部带头致富、带领群众共同致富、维护社会和谐的本领，扎实推进社会主义新农村建设。

2. 建立机构，落实责任

为加强对“创先争优”活动的组织领导，村党支部将成立以徐荣春书记为组长，张荣武副书记、徐凤祥为副组长，其他支委班子成员为成员的领导小组，领导小组下设办公室，由徐凤祥任办公室主任。领导小组应认真履行“创先争优”活动第一责任人的职责，带头研究新情况、解决新问题，时时处处发挥表率作用，努力成为创建“五好”基层党组织的推动者、争做“五带头”优秀党员的示范者。

3. 健全机制，确保实效

为保证“创先争优”活动的各项要求落到实处，建立党员“五带头”目标承诺和“创先争优”活动督查、点评等制度，健全完善党员领导干部党建工作联系点制度、干部述职述廉制度和班子实绩考核、群众满意度测评机制，同时注重将“创先争优”活动中的一些好办法、好经验，以制度的形式固定下来，形成“创先争优”活动的长效机制。

4. 严格标准，制订计划

通过召开专题学习讨论会或座谈会等方式，组织村党员、干部，对照“五好五带头”的基本标准，广泛深入地开展“五好五带头”具体标准大讨论活动，在形成共识的基础上，制定创建“五好”村党支部和“五带头”优秀党员的具体标准。根据“创先争优”活动的总体目标，参加活动的每个党员、干部要制订个人创争计划。党员干部的创争计划均一式两份，分别在本支部张贴上墙和报乡党委。

5. 把握主题，突出重点

在“创先争优”活动中做到与改革发展稳定大局相结合，根据阶段性工作重点，适时调整“创先争优”活动内容，主动把“创先争优”活动融入改革发展、增收致富的生动实践，使“创先争优”活动体现时代性、富于创造性。把“双培双带”“党员先锋岗”创建、设岗定责、党员义务服务等纳入“创先争优”的活动范畴。

6. 推荐典型，注重总结

在“创先争优”活动中，要善于发现典型，并及时向乡党委推荐优秀党员，注重培养典型，大力宣传先进事迹；注重总结，在每个活动后，通过座谈会、书面报告等形式进行自我总结，指出存在的不足和努力的方向、采取的改正措施，以及活动的收获。

（二）落实“廉政文化”建设工程

近年来，为深入贯彻落实加强廉政文化建设精神，仰徐村廉政文化建设以“树清廉村风、建设和谐农村”为目标，以落实党风廉政责任制为着力点，始终坚持“反腐倡廉重实效，入家入户入民心”；做到创新廉政文化载体，丰富廉政文化内容，营造廉政文化氛围。在载体建设、群众参与、营造氛围、形式多样上呈现出自己独特的廉政文化建设特色。

1. 完善勤廉监督小组制度

村党委坚持依法治村，村委会成员由村民依法直接选举产生，设立便民服务站，创新社区管理新模式。仰徐村2003年率先在全市成立了村党风政纪监督小组，支持、监督“两委”工作，充分发挥村级监督组织的职能作用，使村“两委”工作更加规范化、制度化。监督小组主要是对本村财务收支、重大事项等进行全程监督，定期排查分析本村的信访问题。同时，专门设立村务监督委员会办公室，处理日常廉政建设方面的内容，明确村务监督委员的工作职责、规范管理制度，为充分发挥村务监督委员作用提供了保障。监督小组还定期开展村情发布会，受到省市纪委领导的充分肯定。

2. 加强党风廉政宣传教育

从实际出发，坚持走群众路线，增强反腐倡廉宣传教育工作的吸引力和

▌仰徐廉政文化广场（村委会提供）

影响力，并与党建活动相结合，与构建和谐农村活动相结合：一是在开展全村党员远程教育过程中，把廉政文化融入党的方针政策、法律法规等相关内容进行宣传教育，极大地提高了廉政文化的宣传效果。二是把廉政文化融入本村各项活动中。在“两委”干部会议、村民代表会议、党员活动日等各种会议上，重点宣传廉政文化知识，着重对村“两委”干部进行宣传教育，鼓励村民对村干部进行监督。同时，利用村农家书屋开展廉政读物学习，在村宣传专栏张贴廉政文化宣传标语、廉政文化相关制度，加强廉政文化建设，让村“两委”干部时刻谨记清廉自律，一心为民办实事，为本村营造了一个“以廉为荣、以贪为耻”的廉政文化氛围。

3. 塑创特色廉政文化品牌

仰徐廉政文化广场占地面积45亩，总投资800万元，2012年8月底竣工。广场充分挖掘廉政文化的科学内涵，传播廉政知识，借助石刻、书法、剪纸画、农民画以及绿化造景等手段和表现形式，通过倡廉大道、崇廉墙、廉洁水景墙、鉴廉池、清风亭及绿化景观等10组景观元素，体现了“廉洁”主题，全方位地营造出倡廉颂廉的浓郁氛围，让参观者接受廉政文化的熏陶，强化廉洁从政意识。据不完全统计，仰徐廉政文化广场至今为来访者讲解、接受参观有近300次，有5000人次，并受到一致好评。

领导参观廉政文化作品展（村委会提供）

仰徐廉政文化广场铭记：廉政文化，博大精深，廉政之道，关乎国运。仰徐廉政文化广场由倡廉大道、崇廉墙、萃廉廊、廉洁水景墙、箴言方石、廉政故事书、廉政景墙、清风亭、鉴廉池以及绿化景观10组景区构成。斯处造景喻义、托物言志，人文相融于自然，教育寄寓于休闲，力显廉政文化之内蕴，开启崇尚清廉之心智，旨在和谐社会之建构矣。际广场落成之顷，是为铭记，以志盛举。

09 美丽乡村

仰徐村整体绿化情况非常好，走在村庄内部，满眼尽是绿色，就算是冬天也有常绿植物生长。道路两侧、村民门前庭院、河边、工业园内也充分绿化。2008年，仰徐村的绿化率就达到了36%，绿化植物种类繁多，有法国梧桐、香樟、广玉兰、雪松、意杨、紫薇、樱花、梨树、桃树等。

仰徐村属于下河腹部地区，土地肥沃，水域广阔，水网密集，河沟纵横，植被丰富，绿化覆盖率高；生活生产废弃物及垃圾统一收集和处理，废弃物实现循环利用，无乱扔乱抛现象；秸秆全量还田，综合利用率达100%；污水处理、河道整治及管护工作进展井然有序。

一、乡村绿化发展

仰徐村整体绿化情况非常好，走在村庄内部，满眼尽是绿色，就算是冬天也有常绿植物生长。道路两侧、村民门前庭院、河边、工业园内也充分绿化。2008年，仰徐村的绿化率就达到了36%，绿化植物种类繁多，有法国梧桐、香樟、广玉兰、雪松、意杨、紫薇、樱花、梨树、桃树等。

（一）道路绿化

一是营造仰徐路绿色通道。仰徐路是绿化主干道，全长6300米，其中仰徐村境内2000米。两侧路肩已各有一排行道树，路西坡坎初步建成景观带。在此基础上，两侧各建成70米的绿色通道，树种以高杆女贞和意杨为主，同时配置紫薇、紫荆、海桐球等花灌木，形成乔灌草科学搭配、高中低错落有致的景观林带。沿路遇居民区的地段，河西沿河栽植一排直径6厘米以上的垂柳，株距4米；路东栽植1至2排直径6厘米以上的广玉兰。

二是荣泰路景观大道。荣泰路长1700米，两侧各建成10米宽的高标准绿色景观带，树种以大直径香樟、法桐等高大乔木为主，并配置黄杨球、紫薇等灌木。

三是其他道路的绿化。盐徐高速、宁靖盐高速两侧全线完善30米的绿色通道；新民西路在两侧现有15米绿色通道的基础上，建成高杆女贞为主的常绿苗圃；新民东路两侧建成30米的绿色通道。

四是着力打造节点景观。宁靖盐、盐徐高速互通处建成50亩绿地，加大互通绿量；仰徐路立交东南西北4个角，按照春花、夏荫、秋果、冬景进行布局，局部高填土，以樱花、棕榈、梨桃、淡竹为主要树种进行配置，建成四季景观点；荣泰路北侧公共服务区内占地30亩，建成新村农民公园绿地；村部前建成园林景观点。

仰徐村荣泰路绿化情况（村委会提供）

（二）村庄绿化

村庄绿化主要针对中心村而言，其中村部东侧河边栽植直径8厘米以上垂柳，门前南北向栽植两排直径8厘米以上全冠香樟。中心村集中居住区内的道路、巷口绿化，全面补植完善，做到乔灌花草合理配置，形成村内绿树成荫、村外绿树成林的格局；散户要栽满庭院，每户平均新植树木10株以上，树种以楝树、泡桐、刺槐等乡土树种为主，栽出特色，栽出乡土气息。

村庄绿化景观（村委会提供）

（三）园区绿化

农业园区按照建立千亩花卉苗木基地的产业规划，园区道路两侧以高杆女贞为主要树种，区内新建苗圃500亩，新种植葡萄200亩，园区内道路、河道、村庄绿化全覆盖；工业创业园区道路两侧以广玉兰为主要树种，形成围园林。

（四）河堤绿化

对村内冈沟河、老新河、大马沟、先锋河、马中河等河道圩堤，按照原有树种，以意杨为主实施造林补植，达到全覆盖。

二、环境保护

（一）生活垃圾分类集中处理

1. 村委会制定严格的垃圾收集制度

仰徐村围绕建设“生态仰徐”的目标，推行生活垃圾“组保洁、村收集、镇运转”的生活垃圾处理模式，努力实现生活垃圾“无害化、减量化、资源化”处理。

为此，村委会也采取了一系列措施实现垃圾收集处理，相当于提供就业岗位一样，从保洁小组中选择一名专门的人员进行垃圾收集，主要负责仰徐村生活垃圾的收集、清运和处理。村委会还为每位垃圾收集人员配备一辆垃圾专用平板车，以方便逐户上门收集。垃圾收集人员需要每天按时将垃圾送到指定的垃圾转运点，装上垃圾运输车后，由垃圾车送至街道垃圾转运点。

除了安排专门的人员，在村庄内部也可见到标准的分类垃圾桶。在荣泰路上，每间隔50米便会放置2～3个垃圾桶，村里的其他道路上也是如此。

2. 设立环境整治、保洁管理中心

仰徐村村委会设立环境整治、保洁管理中心，由专人负责环境整治、保洁工作的牵头协调、考评督查以及财务结算工作。环境整治、保洁中心下辖6个管理片区，分别为仰徐村、荣泰路、AB区、CD区、F区及河道保洁区，根据各个片区的大小分配人员。

保洁中心的保洁员主要从各个片区中招收，一共8人，根据各分区的大小分到各个分片区。偌大的面积对于各个保洁员来说无疑是一项艰巨的任务，保洁中心对于保洁员的要求也是很高的。在其制度手册上，我们看到：

村保洁中心人员工作现场（村委会提供）

保洁要做到保持河面无漂浮物、无水花生、无浮标草、无野茭白。河坡无杂草丛生、无芦苇、无乱堆放杂物、无垃圾堆放、无杂乱树木；沟面无杂草丛生、无漂浮物、无浮标草、无生活生产垃圾；坡面无芦苇、无乱堆放杂物；农村集中居住区无乱堆乱放生活垃圾、无堆放建筑废弃物、无乱堆乱放柴草、无漂浮物；路上及路边无乱堆放杂物、无垃圾堆放、无杂乱树木、无乱堆乱放生活垃圾、无堆放建筑废弃物、无乱堆乱放柴草。

公共厕所也有专人负责清扫，随时保持清洁卫生，定时擦洗窗门，做到干净整洁，地面无积水，无纸屑、烟头、痰迹和杂物，还需定期进行卫生消毒工作。此外还需定期对公共厕所进行检查，保证水龙头完好、感应器灵敏、冲水时间达到冲洗标准、灯光明亮。

除此之外，保洁中心对于保洁员的考评也是非常严格的，要求保洁员每天上班必须准时，上班期间必须服从安排，工作量必须保质保量完成，每天上班时间确保6～8小时（不适宜工作的天气除外）。而且事假必须得到监督人员批准同意，3天以上的事假还需自行请人代工，擅自缺席的会扣除部分工资。

在众人的努力下，仰徐村的村容村貌得到很好的治理，路面整洁，无乱堆乱放的现象，河道干净、河水清澈，不少村民会利用河水进行生产生活。

（二）农作物秸秆利用——秸秆气化站建设

仰徐村秸秆气化站创办于1999年，年产秸秆气30000立方米，供近50户村民生活常年使用。此秸秆气化站在建设之初，通过请山东大学、杭州能源技术办的专家设计，建造了一个秸秆气化工艺流程。秸秆从收集、加工粉碎、投入气化炉、进入不完全燃烧状态，到形成一氧化碳，经过水过滤，去除焦油，净化后的秸秆气送入贮气罐，加压，最后通过输气管道供给村民使用。秸秆气化站成为仰徐村的一条特色生态链，利用农田生产剩余的秸秆作为原料，既解决了秸秆的去处问题，杜绝了农民私自点火引发的安全隐患，同时也达到改善环境的目的。

在秸秆气化站建成后，仰徐村村民也充分利用到了这一便利工具，将秸秆进行集体焚烧，充分将有机肥返回农田。到2009年年底，仰徐村秸秆生产总量达到20万公斤，村民私自焚烧秸秆的现象就没有出现了，且综合利用率达到了100%。

在积极推进秸秆利用率不断提高的过程中，仰徐村村委会十分重视每年秸秆燃烧情况，为此设立了专门的秸秆燃烧补贴金，以鼓励更多村民参与秸秆集中燃烧工作；除此之外，还组建了秸秆焚烧领导小组，在全村范围内进行秸秆禁烧督查工作，督查村范围内所有禁烧田块监管措施到位情况。

三、污水处理及河道整治

我们在村中走访、观察中没有发现一丝生活污水乱排放的现象，想必仰徐村村民们在污水处理问题上是下了很大功夫的。

通过考察以往资料以及走访村民我们知道，仰徐村村委会非常重视污水处理问题，为此设立专职生活污水处理情况督查小组，定期或不定期地对生活污水处理情况进行督查考核，对生活污水处理是否达标排放等情况进行考察，及时发现问题并进行处理。

仰徐村从1996年集中居住开始，便建成了生活污水处理池。最初的污水处理池位于徐永全家的西边，总共80立方米，污水处理能力已满足当时所需。但此后逐渐有新住户入住仰徐村，为了满足需求，便陆续增加了另外几个污水处理池，其体积也由原来的七八十立方米逐渐增加到110立方米、150立方米。由于先进技术的不断引入，仰徐村污水处理池也由原本简单的形式发展到了利用微动力产能的微动力污水处理池。

通过不断努力，2009年，仰徐村的生活污水处理率达到95%，到2010年生活污水处理率就已达到100%。

仰徐村对于河道的整治与管护也很有自己的一套。村委会设立了专门的河道管护小组。同保洁小组类似，河道管护小组也是采取提供岗位的方式进行人员招聘，一共6人。河道管护小组对于其成员的要求是很高的，其管护标准要求做到河面无杂草、杂物、水花生、芦苇、蒿草，无病死畜禽；河面清理、清除、清运每月不少于一次，捞清水面漂浮物，割清河边

仰徐村河道治理现场（村委会提供）

杂草，运清河边垃圾，保持河面常年清洁。村委会以记分制对河道管护人进行考核，考核周期是一个月，总分值为100分，根据实际情况进行增减，年终分值达到90分的将得到全部的管护报酬，低于90分的按照比例相应地扣减报酬。

河道管护只能清理河道表面，对于河道底部的淤泥，河道管护小组成员就显得无能为力了。为此，仰徐村每年也会投入专门的资金进行河道清淤，清理好河道底部的淤泥，才不会使得河床上抬，才能为行走在河道中的船只提供相对安全的环境。

▌河道清淤现场（村委会提供）

村民清理河道现场（村委会提供）

四、生态环境建设

（一）植树造林

仰徐村村民一直以来的环保意识都非常强，传统的思想观念都认为植树造林，福在现今，功在万代。仰徐村每年2月初就着手开展植树前的各项准备工作，抓住植树造林的黄金季节，发动全村百姓进行春季植树造林活动。

仰徐村现已栽植很多品种的绿植，包括意杨、女贞、海桐、黄杨等，还会栽植一些彩叶植物，起到美化村貌的作用。每年在新种植的树木基础上，为确保成活率，还会重新补植树木，让专人进行压实、培土、浇水、刷白等工作，同时村委会与相关农户签订了管护包保合同，且及时确权发证到村民手中，坚持和完善“谁造谁有，谁投资谁受益，谁经营谁得利”的政策。

（二）“三清工程”

“三清工程”是指清洁田园、清洁水源、清洁家园。仰徐村在贯彻落实“三清工程”中也做出了突出表现，这也是仰徐村在生态环境建设当中的一项重要举措。

从2006年开始，对全村的“三清工程”采取了有力的措施，在全村范围内进行了广泛宣传，通过会议、广播、学习等形式进行卫生知识的宣传教育，并与评选“十星级文明户”以及道德银行平安建设有机结合进行指标考核，使村民的环保意识不断增强。使村民充分认识到“三清工程”的重要

“三清工程”工作现场（村委会提供）

▌“三清工程”工作现场——清理地面垃圾（村委会提供）

性，自觉地把日常生活中的垃圾废物投放至环卫垃圾箱中，并由专职环卫车每天装运至垃圾处理中心，并充分利用其发电供热，变废为宝。

多年来仰徐村在清洁田园、清洁水源、清洁家园的工作中，做到了疏通改善水系、清理垃圾、整治河道、禁烧秸秆，以及无乱堆乱放、无乱停乱靠、无散养现象发生。由于“三清”工作成效突出，先后获得全国文明村，中国最美乡村，省、市、区、镇文明村镇，垃圾集中处理先进单位，新农村文明住宅小区等荣誉称号。[1]

[1] 仰徐村村委会：《仰徐村村志 · 生态建设篇 · 三清工程》。

（三）卫生厕所普及

卫生厕所普及可以算是生态环境建设当中的一项重要举措，很多地区到现今才开始推行卫生厕所建设，仰徐村在卫生厕所的建设以及改造方面已经持续20年了。仰徐村对于新建别墅的卫生配套设施严格把关，从1997年便开始着手卫生厕所的改造工作，至2009年年底全部建成，其普及率已达到100%。

（四）清理工业污染源，建立稳定达标制度

仰徐村有众多的工业园区，各大厂房排放出的污水以及其他垃圾会严重污染环境，为此仰徐村制定了严格的标准来控制工业排放量。在招商引资的时候，也将排放量作为一个重要的考核指标，对于有废气、废水、废渣排放的工业，无论其效益多好，仰徐村都会将其拒之门外。

10

仰徐村的领头人

1984年，从部队转业回来，刚过而立之年的徐荣春挑起了村党支部书记的担子。当时村民收入几乎全部依赖农耕，即便打工也是干拉砖、挑煤之类的苦力活，日子过得紧巴巴。徐荣春下决心改变仰徐贫穷落后的面貌，听说长江打捞能赚钱，他卖掉家里准备砌房的建筑材料，作为启动资金，带领村组干部到长江去搞打捞。从一艘18吨吨位的挖泥船做疏浚打捞开始，到开拓基础工程、建筑工程等多项业务，再到成立荣泰集团，公司工程越做越大。

一、回望——改革前的仰徐

回望历史，改革开放已经走过40多年了。40多年来，从城市、农村的景色面貌到普通人的着装饮食，相信我们每个人都真真切切地目睹和感受到了我国经济社会的发展和人民生活的巨变。改革开放，让中国由一个封闭、保守的国家成为一个开放、包容、自由的国家。

虽然改革是以经济体制为核心和主线的，但从本质上讲，改革所涉及的并非是单纯的经济体制。从固守经验主义、教条主义到坚持解放思想、实事求是；从“以阶级斗争为纲”到以经济建设为中心；从国家控制全部经济和社会资源并管理全部经济和社会生活事务，到政府与市场之间、各级政府之间以及国家和社会之间分工、分权；从闭关锁国到对外开放；从全面否定个人价值到充分承认个人价值……可以说，整个社会发展的指导思想以及社会生活的组织方式在改革过程中都发生了根本性转变。社会发展指导思想以及社会生活组织方式的根本性转变不仅推动了经济体制转型、经济结构变化以及经济总量的快速增长，更值得关注的结果是带来了社会的全面转型，使社会生活的衣食住行各个层面都发生了重大变迁，并成为进一步改革和发展的重要力量。

改革开放前，当拖拉机第一次驶入农村时，农民群众还十分好奇；居民的生活方式还是“四世同堂十平米，五代家人居陋室”；由于家庭收入不高，有限的资金主要是优先考虑吃饭，加上国家长期实行计划经济，生产能力十分有限，普通居民上班、出行只能靠两条腿，极个别家境较好的才有可能用自行车代步；人们的娱乐方式非常单一。改革开放后，传统的耕作方式已渐渐隐退，许多农民已不再满足于“日出而作，日落而息”的传统生产生活方式，农民买拖拉机或汽车已不再稀奇。而现在在城里，购买轿车已不再是遥远的梦想，在宽阔的道路上，“大众”“尼桑”等品牌家用轿车正自由地疾驰。随着生活水平的日益提高，农民们家家户户都盖起了新楼，城市居民更是从以前的平房住进现在的小高层、复式住宅，人们都向往着“更高大、更宽敞、更环保”的居住环境，处处折射出人们住房条件的极大改善。人们平时上班、出行的工具更是多种多样，近途有自行车、电动车、摩托车、公交车、私家车，出远门地上有火车、汽车，天上有飞机，水路有轮船，可随意挑选组合，使居民时时处处感受到方便快捷。国家大力提倡物质文明和精神文明的统一，使得精神文明得到很大发展。影视歌舞、读书看报、琴棋书画、花鸟虫鱼、上网冲浪、旅游远足、运动健身等这些过去属于富人的娱乐项目已进入寻常百姓家，大大丰富了百姓的业余生活。随着国家医疗制度的改革，从建立健全城镇职工基本医疗保障制度，到新型农村合作医疗制度，再到遍及城乡的卫生服务体系，公共医疗卫生事业的公益性得到较好的诠释，“人人享有基本医疗服务”成为可能。许多居民家庭没有后顾之忧，不再害怕得病，加之家庭收入和生活条件飞速提高，居民平时从细微之处开始关注自己的身心健康，过去“大病小治、小病不治”的现象有了较大改变。

我国在取得巨大成就的同时，也面临着一些重大的经济和社会问题。林木西教授认为，区域发展不平衡是其中的一个方面。我国的区域发展不平衡有3个层面，一是区域之间不平衡，二是城乡之间不平衡，三是省域内的中心和外围经济圈发展不平衡。当前我国整体的区域发展情况是东高西低、南高北低，东北地区经济总量占比较少，但需从国民消费、国家安全、国计民生和国家竞争力等方面认识其不可替代的重要作用。化解区域发展不平衡的矛盾，要全面认识新时代的发展内涵，形成区域协调发展战略体系，加快发展中西部和东北地区城市群。耿钢博士指出，当前我国面临着较严重的贫富差距问题，改革任务的重点应从先富带后富转化为实现共同富裕。在这一点上，仰徐村改革开放40多年来的改变对此进行了最好的阐述。

仰徐村地处苏北平原中部，改革开放前的仰徐又破又旧，是有名的“穷三徐”之一，其窘境在附近的村庄中都是有名的，当时的仰徐村经济基础薄弱，群众生活困难，文化落后。仰徐在全国大力推进改革开放之前就已经有了改革的萌芽，村里关于改变传统生产方式的想法出现得较早，且有敢想敢做的领头者带领着仰徐从第一步棋就走在了附近村庄的前面，而后更乘势而

仰徐全景（村委会提供）

上，不断向前。仰徐能有今天，来源于一代代仰徐人的不懈努力。

二、“今非昔比”——时代的见证者徐继昌

“生活条件、住宿条件、交通条件是今非昔比。”这是在与徐继昌老先生交谈过程中他最爱谈及的一句话，在徐继昌老先生一句句铿锵有力的言语中，我们感受到了时代给予徐继昌老先生的力量和震撼。

徐继昌同志是仰徐村前大队党支部书记，70多岁高龄的他，身体十分健康，行走起来步伐稳健，言语铿锵有力，面色红润，精神状态非常好。面对我们的来访，徐继昌老先生非常愿意配合我们，主动说出这些年来发生在仰徐村的故事。徐继昌老先生在仰徐村的经历见证着改革开放40多年来仰徐村的巨大变化，要说改革开放对仰徐村的改变，徐继昌老先生的话便很有代表性。

“过去来讲啊，我在这村里20年，工作了20年。”“过去的仰徐是我们盐都地区有名的穷村，是潘黄街道的‘穷三徐’之一。仰徐有1300多人口，住的都是普通的泥墙草房。”这样的情况倒也不出乎意料，改革开放之前的中国农村普遍都是非常贫困的，只有少数的家庭生活条件稍好些，泥墙草房这样的建筑随处可见。但是泥墙草房抵御自然灾害的能力是非常差的，偶尔遇到台风、雷电、暴雨这样的恶劣天气，便能破坏掉一部分的泥墙草房，让人们无处栖身。在那样的年代里，人们对于贫困所带来的窘况是无能为力的，周遭人的境况都差不多，大家都习以为常了。

“现在家家户户全部住上了比较舒适的居民楼，有2层的有3层的，从住宿来讲，变化是非常大的。我们的居住条件在全国来讲是首屈一指的，1996

年，家家户户开始有电视、空调，住的还是比较舒适的。再看我们的绿化，按照面积来算，绿化面积达40%以上，环境还是比较美的。”徐老先生说道。在加快经济发展的同时，仰徐村在徐荣春书记的带领下大力推进民生工程建设，按照市委关于三星级“康居示范村”的要求，不断加大基础设施投入。为改变环境脏乱差和土地浪费状况，徐荣春同志大胆建议推行村民集中居住，节约耕地。如今，仰徐村已建成风格各异的别墅小区6个和农民公寓1幢，集中居住326户，集中居住率达95%以上。同时，老年幸福家园、农民公园、污水集中处理站等民生工程加快建设，村民幸福指数不断提高。“我们仰徐是全国文明村、江苏省民主法治示范村。”一谈起仰徐村，徐老先生满是自豪、骄傲，满脸的欣慰溢于言表。历经改革开放洗礼的仰徐，现如今村中别墅鳞次栉比，生态庭院风景如画，产业园区生机勃勃，参观游人络绎不绝。近年来，仰徐村先后获得了“国家级生态村”“江苏省新农村建设示范村”“江苏省最具魅力休闲乡村”等称号。

“过去，我们村的路都是泥路，桥都是木桥。现在就不一样了，里里外外都有桥，道路都是四通八达的。”“现在大部分农户的经济收入已今非昔比，仰徐村的小汽车有近300辆，有的家庭有3辆小轿车，十几万到三十几万都有，这就是改革开放带来的巨大变化。”“生活条件、住宿条件、交通条件都已今非昔比。村民的舒适感、幸福感、获得感还是比较满意的。”徐老先生说道。

改革开放之前人们都是把裤腰带拴在土地上，靠天吃饭，风调雨顺的年份，收下来的粮食才能勉强维持生计，仰徐的人们就更是如此了。“以前农民住的都是普通简易的草房，生活条件很差，不像现在的生活水平这么高，基本是以种植业为主，种水稻、棉花、麦子来维持自己的生活。过去在

▌“全国民主法治示范村”授牌仪式（村委会提供）

家里种田，一年收千把斤稻子、一点棉花、麦子能有多少钱啊。”以前的仰徐村产业单一，只是依靠农业。仰徐村现在大部分土地已经被收掉了，原有的居民现在大多外出务工或者就近在仰徐村内的工厂就业以养家糊口，生活相比之前好太多了。“今天的幸福来之不易，要感谢国家的政策，在习总书记讲话精神的指引下，我们仰徐在改革开放以后发生的巨大变化令人幸福、令人满意。现在是老有所养，老人家每年都会有养老金。现在全村都有医疗保险，村里为每一个农户贴补150元，基本上都缴纳了社保，60周岁以上的老人每个月还有330元补贴。”徐老先生说到这里满意地笑了笑，“春节期间，80岁以上的老人每个人补贴300～400元。对于一些老党员、老干部都有补助，凡是生产队干部、村干部，每年都会有一些补贴。除了社保，还有农村养老保险，每个人每月也有一百多块钱。对于特殊困难户也给予了补助，特别是对出现重大事故的、大病的、特殊困难的，村里都给予了资助。我们村有个人患上了脑瘤，村里发动全村干部、党员、群众组织募捐。这样的例子还有很多，像这样的中低困难户村里都会对其资助和支持的。”这说明只有集体富了，才能个人富；只有国家富强，才有人民富裕！

仰徐村自2000年起发展近郊生态旅游业，受到各级部门的大力支持。大力发展城郊旅游业，吸引民间资本，建设秀成生态园和洪圣风情园，创建了以“都市乡野、快乐仰徐”为主题，以体验乡村劳作、果蔬采摘为亮点的乡

▌仰徐村一日游指示牌（村委会提供）

村一日游景点。仰徐村充分利用新农村建设契机，先后实施多轮“百日会战”，目前已形成现代高效农业、新型工业产业、近郊生态旅游业三大特色支柱产业，以及高效设施农业和乡村旅游两大主导产业，高效农业园区通过省级验收，建成“三新技术展示区”。乡村旅游形成集观光、旅游、休闲于一体的旅游新仰徐。

改革开放实现了从计划经济到市场经济的逐步转变，让国民经济充满活力；改革开放大大提高了人民的生活水平，从过去的衣食不保到现在物质丰富；改革开放使我国的综合国力增强，精神文明建设得到巨大发展，人民群众在解决了基本温饱问题的同时，注重自身的精神建设，通过参与各种社会活动，在精神上得到了享受，精神需求得到了满足。“我们村每年都会有30多人的文艺宣传队，主要是宣传党的政策、改革开放以来仰徐村的伟大成就、仰徐经济发展的大好形势、好人好事、仰徐的现有面貌。过去有首歌我们把它改编成《逛新村》，从村部开始到居民住宅，到公路建设，到我们的养老院、雷神广场、工厂，把仰徐的美貌通过歌唱的形式表达出来，唱给广大群众听；还有《夫妻双双逛新村》，把仰徐的美貌全部用表演的形式表达出来。”这些年不论是城市还是农村，中老年人撑起了广场舞的一片天，甚至发展成了一支独立舞系，但是仰徐村的这一支文艺宣传队确实是地方品牌、地方媒介一样的存在，通过歌唱、舞蹈、相声等形式将仰徐村方方面面的改变以别样的方式表达出来，一定程度上提高了仰徐村人们的自豪感和幸福感。“到了每年春节，村里的文艺宣传队，除了在本村表演，还会去其他村表演，每年都有几十个节目。”

三、改革开放的先行者——荣泰集团董事长徐荣春

“就幸福感、舒适感来讲，仰徐人是满意的。改革开放以后我们仰徐人在党委书记徐荣春的带领下开始‘以工养农’——以工业带动农业，搞了疏浚打捞工程公司，基础业务是打捞疏浚，以后又搞了机装直到成立了荣泰集团。机装工程业务已普及到了全国各地。”徐继昌老先生说道。提起徐荣春书记，仰徐村的人们一个个都竖起大拇指，赞不绝口。“我们现在的仰徐党委书记徐荣春是全国人大代表，而且还是全国劳动模范。”“我们书记在外面走南闯北，经过市场和社会调研，发现我们农民要集中居住，这样便于管理，便于服务，村庄的绿化建设、道路、电力设施等就能统一，而且更重要的是，集中居住能节省农地，所以从1996年就开始实行了（集中居住）。”徐凤祥说道。

在仰徐村集中居住方面，徐荣春书记是先驱。“我们仰徐被评为盐城市5朵金花中的一朵，5个点中的一个。仰徐因为起步早，所以有些条件跟不上，有待要改造，但仰徐村集中居住农户规模在全国可以说名列前茅。1996年之前，我们就开始谋划集中居住一事，真正实施是在1996年。1996年春，栽秧的时候，我们书记要求这个地方不再种稻子了，1996年秋后就开始启动建设别墅。”徐凤祥说道。

那时候村里人的素质比较低，对于集中居住这件事的好处并不能理解，工程实施之初遇到了很多的困难和阻碍，但是都在大家尤其是村干部的帮助下一一解决了。“村子里的人素质跟不上，比如刚修马路的时候，有多少人知道在过马路的时候要左右看看有没有车，能不能过。”“这个工程的实施是不容易的，建房子的时候钱都是农民自己掏的，村里只负责配套，到1998

年第一批集中住房基本取得了一定成果后，才逐渐发展成现在这样。”徐凤祥说道。

徐荣春，盐城市盐都区仰徐村党委书记，第十届、十二届全国人大代表，第十三届江苏省人大代表。他扎根农村，始终以乡村振兴为己任。他担任村书记以来，一心致富为民，成绩斐然，作为人大代表积极建言献策、履职尽责。2000年4月，他获得了“全国劳动模范”的荣誉称号。1984年，从部队转业回来，刚过而立之年的徐荣春挑起了村党支部书记的担子。当时村民收入几乎全部依赖农耕，即便打工也是干拉砖、挑煤之类的苦力活，日子过得紧巴巴。徐荣春下决心改变仰徐贫穷落后的面貌，听说长江打捞能赚钱，他卖掉家里准备砌房的建筑材料，作为启动资金，带领村组干部到长江去搞打捞。从一艘18吨吨位的挖泥船做疏浚打捞开始，到开拓基础工程、建筑工程等多项业务，再到成立荣泰集团，公司工程越做越大。江阴长江大桥北锚沉井、南通60万吨级船坞先后被他们拿下，甚至把工程做到了海外。如今，徐荣春带领创办的村属企业荣泰集团涉足疏浚打捞、商贸流通等行业，资产达4亿元，年产值5.2亿元，转移劳动力600多人。

创业不忘大后方，徐荣春又积极带领留村的村民就地创业，大力发展现代高效农业，引用新技术、新品种、新模式，发展“三新小农场”，利用现有耕地打造千亩设施草莓园、千亩设施葡萄园、千亩设施蔬菜园、千亩景观园林、千亩良田示范园“五千工程”；高标准建设机电产业园；大力发展城郊旅游业，吸引民间资本，建设秀成生态园和洪圣风情园……“你看我们仰徐的自来水厂是自己搞的，还有草莓、葡萄、火龙果，现在是搞得很好的。我们村共有10家农家乐，西边有四季农庄，这边有乡里乡亲、农家菜院、田园百味等。从建设的大的项目来讲，我们干得都很好。”改革开放40多年，而徐荣春同志担任仰徐村党委书记就有30多年，可以说是仰徐村改革开放以来所有艰辛过程的最佳见证人和优秀旗手。“仰徐村经济的发展，一是得益于国家的富民政策，二是领导的支持、大家共同的努力，才迎来今天的幸福生活，我们由衷地感到高兴和欣慰。”徐继昌老先生说道。

作为村党委书记，徐荣春对村镇建设规划深有感触。全国“两会”期间，他提出“城镇化要从建设风格个性化、特色化和差异化入手，尽量规避新型城镇化建设千镇一面”的建议，提出小城镇建设要结合实际，加强顶层设计，明确功能定位；要挖掘地域文化渊源，让小城镇凸显个性特色，传承历史文脉；要大力发展支撑力强的主导产业，科学引导房地产业发展，避免城镇化成为单一的房地产化，因地制宜，科学实施“一业主导、多业跟进”的发展战略，形成特色引领、产业支撑的产城发展体系；同时，在新型城镇化建设过程中，要加强科学决策，以人为本，尊重民意，听取群众诉求和建议。

针对村级集体经济发展问题，他建议设立扶持村级集体经济税收减免专门条款，对村集体资产所征收的房产税予以适当减免，对村集体资产租赁收入所征收的营业税一并减免；在推进城镇化过程中为村级集体经济留下可持续发展空间，对整村土地征收的，按征收面积的10%预留集体发展留用地；在财政支农资金中，切块安排专项资金用于支持村集体发展各类增收项目，促进村集体形成持续稳定的长效收入。

作为全国人大代表，在审议最高检报告及与各级检察院的联络过程中，徐荣春提出很多社会矛盾问题，集中在基层尤其是农村，建议检察机关要紧密联系基层实际，加大服务和谐村居、助力企业发展的力度；希望检察机关能够创新开展普法宣传工作，进一步促进基层群众道德观念和法治观念的提

千亩设施葡萄园（村委会提供）

草莓园（村委会提供）

升。自2003年当选全国人大代表以来，徐荣春已走过10多年的履职之路，他深知“人大代表”责任之重大。作为扎根农村的代表，农民是他最为关心的群体，这是他在乡村振兴事业、在为民履职征程上的不竭动力！

四、不忘初心，继往开来

十一届三中全会给中国带来一次思想大解放。人们的思想观念和精神面貌发生了巨大变化，到处热气腾腾，对国家的未来充满信心。中华民族是一个勤劳、勇敢、富有智慧的民族。但如果亿万民众没有形成这样齐心协力、共同奋斗的局面，如果不能把蕴藏在人民之中的无穷潜力充分释放出来，就无法想象中国能在以后40年中创造出举世瞩目的巨大成就。

改革从农村起步，然后发展到以城市为重点的多方面改革。仰徐村就是农村改革成功的一个典例，改革初期，仰徐村通过总结历史经验教训和边实践边摸索而逐步提出的几项重大方针政策，对于打开改革局面以及保证后来改革的顺利进行，具有关键性意义。一是提出停止实行“以阶级斗争为纲”，把党和国家的工作重点转移到以经济建设为中心的社会主义现代化建设上来；二是提出打破生产上和分配上的平均主义，允许和鼓励一部分地区、一部分人先发展、先富裕起来，通过“先发”带“后发”，“先富”带“后富”，最终实现全国各地区的共同发展和全体人民的共同富裕；三是提出在坚持以公有制为主体的原则下，发展个体、私营和外资等非公有制经济成分；四是提出实行对外开放，积极而稳妥地利用外资和引进外国先进技术，学习和借鉴外国经营管理的有益经验。

仰徐村是盐城市委、市政府确定的全市新农村建设示范点之一，仰徐人

村内全景沙盘

正以“拼搏进取、奉献争先”的精神风貌，为建设“田园秀美、水绿特色、文明整洁、富裕繁荣、小康家园的新仰徐”、打造“全省知名、苏北一流、全市领跑、盐都名片”的社会主义新农村而努力奋斗。

附 录

仰徐村大事记[1]

1. 1942年7月，成立中共仰徐村党小组。

2. 1955年，成立首届中共仰徐党支部。

3. 1958年10月，成立潘黄人民公社先锋大队、仰徐中队。

4. 1959年4月，成立马沟公社仰徐大队。

5. 1969年，马中河全线贯通。

6. 1971年、1979年，先后开挖形成先锋河、仰中河。

7. 1980年，落实农业生产责任制。

8. 1989年，创办盐城市马沟疏浚打捞队。

9. 1996年8月，仰徐中心村建设正式启动。

10. 1996年9月，成立中共仰徐村党总支委员会。

11. 1996年年底，仰徐自来水厂建成。

12. 1997年，仰徐马中河大桥建成。

13. 1998年，盐城至仰徐公交线路正式开通。

14. 2003年12月，成立荣泰建设集团有限公司，注册资本3511.8

[1] 仰徐村村委会：《仰徐村村志·概述篇·仰徐村大事记》。

万元。

15. 2003年，仰徐道德银行建立。

16. 2006年，万册图书室、多功能活动室、室外健身场所、马中河西驳岸建成。

17. 2006年，占地4000平方米的村综合办公大楼落成。

18. 2007年6月，仰徐村建立现代高效农业科技示范园区。

19. 2008年12月，中共盐都区委、区组织部批准成立中共潘黄镇仰徐村党委会。

20. 2009年8月，潘黄镇仰徐村老年幸福家园建成。

21. 2009年，农民公寓楼落成。

22. 2009年，冈沟河荣泰大桥建成。

23. 1998年、2000年、2009年，荣泰路大道陆续筑成并通车。

24. 2011年，“都市乡野、快乐仰徐”旅游线路开通。

25. 2011年，仰徐办公楼前的灯塔建成。

26. 2012年，仰徐农民公园（廉政广场）建成。